A riqueza e a pobreza

São João Crisóstomo

A riqueza e a pobreza

Sermões do Boca de Ouro
São João Crisóstomo

Tradução de
Livia Almeida

2ª edição

Paz & Terra
Rio de Janeiro | 2022

Domínio público

Direitos de tradução da obra em língua portuguesa no Brasil adquiridos pela EDITORA PAZ E TERRA. Todos os direitos reservados. Nenhuma parte desta obra pode ser apropriada e estocada em sistema de bancos de dados ou processo similar, em qualquer forma ou meio, seja eletrônico, de fotocópia, gravação etc., sem permissão do detentor do copyright.

Editora Paz e Terra
Rua Argentina, 171 — São Cristóvão
Rio de Janeiro, RJ — 20921-380
Tel.: (21) 2585-2000.

Seja um leitor preferencial Record.
Cadastre-se no site www.record.com.br
e receba informações sobre nossos
lançamentos e nossas promoções.

Atendimento e venda direta ao leitor:
sac@record.com.br

CIP-BRASIL. CATALOGAÇÃO NA PUBLICAÇÃO
SINDICATO NACIONAL DOS EDITORES DE LIVROS, RJ

J58r   João Crisóstomo, Santo, ca. 347-407
2. ed.   A riqueza e a pobreza : sermões do boca de ouro São João Crisóstomo / São João Crisóstomo ; tradução Livia Almeida. – 2. ed. – Rio de Janeiro : Paz e Terra, 2022.
             154 p.

             Tradução de: Four discourses of chrysostom : chiefly on the parable of the rich man and Lazarus
             ISBN 978-65-5548-046-7

             1. Bíblia. N.T. Lucas – Sermões. 2. Bíblia. N.T. Lucas – Comentários. 3. O rico Epulão e Lázaro (Parábola). I. Almeida, Livia. II. Título.

22-75605   CDD: 225
                                CDU: 27-247.7

Camila Donis Hartmann – Bibliotecária – CRB-7/6472

Impresso no Brasil
2022

SUMÁRIO

Apresentação, por Eduardo Moreira   7
Prefácio, por padre Júlio Lancellotti   11

SOBRE LÁZARO E O HOMEM RICO

Primeiro sermão   17
Segundo sermão   63
Terceiro sermão   87
Quarto sermão   127

APRESENTAÇÃO

EDUARDO MOREIRA*

São João Crisóstomo nasceu no século IV e há algo de muito especial nesse século. Foi nesse período que o cristianismo passou a ser permitido como religião pelo Império Romano e, anos depois, tornou-se a religião oficial de Roma (384). Isso foi o suficiente para que uma crença de que havia nascido pregando ideias de compaixão, desapego a bens materiais e amor ao próximo se tornasse um instrumento de acumulação de poder e riqueza.

As homilias de Crisóstomo eram potentes, corajosas e denunciavam explicitamente os abusos cometidos por líderes políticos e religiosos. Não à toa, o "boca

---

* Eduardo Moreira é graduado em engenharia pela PUC-Rio, estudou na Universidade da Califórnia, em San Diego, e é ex-banqueiro de investimentos. É autor de diversos livros, entre eles os best-sellers *Encantadores de vidas*, *Desigualdade e Economia do desejo*. Em 2019, foi um dos vencedores do prêmio Vozes da Resistência, oferecido pela Câmara dos Deputados, em Brasília.

de ouro" (significado de *Chrysostomos* em grego) é considerado, por muitos, até hoje, o maior pregador cristão da história.

Li seus livros quando vivia um momento de sofrimento e angústia em minha jornada de vida. Havia, já fazia alguns meses, decidido mergulhar a fundo no estudo da desigualdade no Brasil. Estava disposto a denunciar o que fosse preciso na luta por um país mais justo. E foi exatamente por não medir as consequências dessas denúncias que comecei a sofrer ataques de toda ordem. Eles iam de campanhas visando a manchar minha imagem nas redes sociais até ameaças de morte. Encontrei, então, nos textos de Crisóstomo, conforto e força.

Jamais esquecerei, por exemplo, a homilia em que diz que as pessoas responderão às nossas denúncias sempre de uma destas três maneiras: se inspirarão por nosso exemplo e se juntarão à nossa luta; ignorarão o que falamos e seguirão absortos em seu mundo egoísta; ou nos atacarão. Essa última, diz ele, é a reação que menos gostamos que aconteça, pois é a que mais nos inflige dor e sofrimento. Contudo, completa o santo, o ataque é sinal de que acertamos o alvo e, portanto, precisamos dele para saber que estamos no caminho certo. Passei a encarar as agressões que sofria de outra maneira, depois de ler esta homilia.

APRESENTAÇÃO

Mas foi em um de seus menores livros que encontrei seu maior tesouro. Uma obra que nem parece ter sido escrita há mais de mil e quinhentos anos, devido à atualidade de sua mensagem. O título foi o suficiente para capturar minha atenção e interesse: um compilado de sermões sobre a fortuna e a escassez, aqui publicado como *A riqueza e a pobreza*. Em suas poucas páginas, uma discussão profunda e, acredito eu, divinamente inspirada, sobre a questão da desigualdade. Como fio condutor da discussão é utilizada a parábola bíblica de Lázaro e o homem rico.

No livro, encontrei frases que vinha repetindo exaustivamente, em minhas palestras e participações no debate político, e pelas quais era atacado e chamado de "comunista radical". Como o trecho do livro em que o santo escreve: "roubo não é apenas o desvio dos bens de terceiros. Deixar de compartilhar seus bens com outros é roubo, embuste e fraude" (p. 78). Ou um pouco mais adiante, no mesmo capítulo: "jamais esqueçais de que não compartilhar riquezas com os pobres é roubar os pobres e privá-los de seus meios de subsistência. Os bens que detemos não são apenas nossos, mas deles também" (p. 86). Fico pensando em como o mundo seria diferente se aqueles que acumulam riqueza conseguissem perceber que suas fortunas

A RIQUEZA E A POBREZA

foram produzidas por pessoas que, não raramente no mundo capitalista, são privadas até do mínimo que lhes garanta uma vida digna.

Discutir, com coragem, as injustiças de um planeta – que tem algumas dúzias de indivíduos acumulando a mesma riqueza que outros bilhões – é uma tarefa urgente e indispensável. Ninguém viverá em paz enquanto seus irmãos e irmãs estiverem chorando de fome, frio e medo. O preço de não enfrentar esses problemas é viver o inferno na Terra.

Saber que esses sermões se encontram traduzidos para nossa língua e disponível para que todos e todas leiam é, para mim, motivo de imensa alegria. Que sua leitura possa nos inspirar a encontrar, ainda em vida, o caminho da misericórdia, do olhar para o próximo e da compaixão.

PREFÁCIO
A APOROFOBIA E A RESPOSTA
DE SÃO JOÃO CRISÓSTOMO

PADRE JÚLIO LANCELLOTTI*

São João Crisóstomo, bispo exilado, morreu vítima de maus-tratos em 14 de setembro de 407. Podemos dizer que foi amado pelos pobres e odiado pelos imperadores. A linha de pensamento do grande e exímio pregador nos ensina que a insensibilidade de alguns não pode nos deixar desistir.

Os empobrecidos de todos os tempos, na história da humanidade, são Lázaros, cheios de chagas, sentados à porta dos ricos e abastados, que ignoram a dor dos pobres e que, por sua indiferença, se tornarão réus no

---

* Padre Júlio Renato Lancellotti, nascido em 27 de dezembro de 1948, é vigário episcopal para a população de rua, da Arquidiocese de São Paulo; pároco da Paróquia São Miguel Arcanjo, na Mooca; e ativista de direitos humanos.

A RIQUEZA E A POBREZA

julgamento da história. O pensamento do santo doutor e pregador considera toda riqueza injusta – ainda mais quando as desigualdades são gritantes e iníquas.

A denúncia da riqueza perversa deve ser permanente mesmo que, como diz São João Crisóstomo, os ricos ébrios em suas tavernas desconsiderem nossas palavras. O tribunal da história há de condenar os que promovem as desigualdades. Impressiona a palavra do santo em seu segundo sermão: "Quando Lázaro estava perto, o rico costumava ignorá-lo. Quando está distante, ele o chama. O homem a quem ele não enxergava ao entrar e sair, ele agora o vê com clareza, na distância" (p. 76). O julgamento é severo, pois o doutor da Igreja considera "roubo não compartilhar suas posses" (p. 78); atitudes egoístas são, portanto, embuste e fraude.

"Não recuses ao pobre a subsistência" (p. 78), diz o santo, e penso como hoje São João Crisóstomo seria odiado também em nossa sociedade meritocrática, com sua desigualdade que mata.

Em seu segundo sermão, é contundente a palavra que diz: "O valor do homem pobre está apenas na sua necessidade" (p. 84), nos alertando a não julgar e a moralizar a vida dos empobrecidos.

Nossas cidades estão cheias de placas e campanhas: "Não dê esmola." Imagino São João Crisóstomo a

PREFÁCIO

arrancá-las por estarem criminalizando os pobres, e não combatendo a pobreza. Lembremos que, muitas vezes, quem faz e patrocina essas campanhas tem muita dificuldade em partilhar e viver com sobriedade.

Atenção e discernimento são necessários e urgentes para a transformação da realidade e para a tomada de posição diante das desigualdades que produzem pobreza, miséria e fome. Quando cada um de nós assumir a corresponsabilidade que temos com essa realidade, aprenderemos "a verdadeira natureza da riqueza e da pobreza" (p. 133).

São João Crisóstomo, bispo de Constantinopla, nos alerta ao perguntar: "por que Deus colocou dentro de cada um de nós um juiz eternamente vigilante e austero?" (p. 140). O pregador considera esse um juiz interno não corruptível pelo dinheiro, pela vaidade e pelo poder. Todos somos submetidos ao "tribunal da consciência" (p. 141).

Hoje, sabemos mais sobre outra consciência, a de classe, e compreendemos que a cabeça pensa a partir de onde pisam nossos pés, ou como nos ensina Leonardo Boff: "todo ponto de vista é a vista a partir de um ponto".

Desejo que a leitura dos sermões "Sobre Lázaro e o homem rico", de São João Crisóstomo, junto com a consciência dos problemas dos empobrecidos, dos evitados e dos esquecidos – os Lázaros, chagados nas portas do sistema capitalista neoliberal, descartados por essa mesma lógica –, nos incite a questionamentos e nos provoque a novas atitudes e ao comprometimento pela construção de uma vida humanizada, sem desigualdades e com proteção social.

SOBRE LÁZARO E O HOMEM RICO

PRIMEIRO SERMÃO

HOMILIA PRONUNCIADA EM ANTIOQUIA
NO SEGUNDO DIA DO MÊS

Sobre ébrios, frequentadores de tavernas e de procissões festivas nas ruas – um mestre não deve abandonar seus discípulos mesmo quando eles desconsideram suas palavras – tratando também de Lázaro e do homem rico

Ontem, embora tenha sido dia de banquete para Satã, preferistes comparecer a um banquete espiritual, acolhendo nossas palavras com rara boa vontade e passando a maior parte do dia aqui na igreja, sorvendo a embriaguez da sobriedade, dançando ao som do canto de Paulo. Desse modo, recebestes um duplo benefício: mantivestes distância da dança desordenada dos ébrios e desfrutastes de danças espirituais bem ordenadas. Compartilhastes de um cálice que não serviu vinho puro, mas estava repleto de instrução espiritual. Vós vos tornastes flauta e lira para o Espírito Santo. Enquanto outros dançavam para o demônio, vós vos dedicastes a vos tornar instrumentos e vasos espirituais. Permitistes que o Espírito Santo tocasse vossas almas e soprasse a graça em vossos corações. Assim, entoastes uma melodia harmoniosa que deleita não apenas a humanidade, mas até os poderes celestes.

Vamos, portanto, nos armar hoje contra a embriaguez e expor a insensatez de uma vida de ebriedade e dissolução. Vamos nos opor aos que vivem na intemperança, não para que os possamos envergonhar, mas para que os possamos deixar fora do alcance da vergonha; não para que possamos culpá-los, mas para reformá-los; não para que possamos considerá-los desprezíveis, mas para que possamos desviá-los de toda exposição desonrosa e arrebatá-los das garras do tentador. Pois quem vive diariamente sob o excesso do vinho, da opulência e da gula encontra-se sob a própria tirania do diabo. E que coisa melhor pode resultar de nossas palavras! Se eles, no entanto, continuarem no mesmo curso depois de nossa advertência, não deixaremos, por conta disso, de dar o conselho correto. Pois as nascentes continuam a fluir mesmo que ninguém delas beba; as fontes ainda jorram mesmo quando ninguém utiliza sua água; e rios ainda correm mesmo que ninguém tire proveito deles. Do mesmo modo, é certo que o pregador deve

PRIMEIRO SERMÃO

cumprir todos os seus deveres mesmo se ninguém der ouvidos à sua voz.

Pois também em Seu amor ao homem, Deus impõe uma lei àqueles a quem foi confiado o ministério da palavra, para que nunca cessem de cumprir os deveres de seu ofício, nem se calem quando têm a atenção do povo ou quando por ele suas vozes são negligenciadas. No passado, Jeremias antecipava muitas ameaças aos hebreus e os advertia sobre males futuros. Alvo da zombaria daqueles que o ouviam, ridicularizado diariamente, ele chegou a desejar renunciar a seu ministério. Tomado pela fraqueza humana, não se sentia capaz de suportar mais as zombarias e as injúrias. Ouça-o descrever sua provação: "Sirvo de escárnio todo dia. [...] Quando pensava 'Não me lembrarei dele, já não falarei no seu Nome', então isto era no meu coração como fogo devorador, encerrado em meus ossos. Estou cansado de suportar, não aguento mais!".[1] Ele diz algo como: Eu desejei deixar de profetizar, visto que os hebreus não me ouviam; e durante todo o tempo que

---

1 Jr 20, 7-9. O texto bíblico utilizado como referência é a Bíblia de Jerusalém, exceto quando, por necessidade e adequação, é indicada a Bíblia Septuaginta (texto grego consolidado à época de São João Crisóstomo). Os comentários indicados no rodapé das páginas são notas da edição brasileira.

A RIQUEZA E A POBREZA

assim desejei, a influência do Espírito Santo penetrou como fogo em minha alma, consumindo todas as minhas partes internas e meus ossos, me devorando, de tal forma que eu não consegui suportar. Se o profeta, ridicularizado e desonrado todos os dias, ao desejar o silêncio sofreu tamanho castigo, como poderemos ser dignos de qualquer indulgência quando nunca fomos tratados de tal modo, se fraquejamos por conta da insensibilidade de alguns e deixamos de instruí-los, principalmente quando tantos estão atentos!

Eu não falo assim para me consolar ou me reconfortar, pois já tomei minha decisão de cumprir este ministério, enquanto eu respirar e enquanto parecer bom a Deus que eu permaneça nesta vida presente, quer alguém se atente ou não ao trabalho que me foi designado. Mas como há alguns que enfraquecem os esforços de muitos, que, além disso, nada trazem de útil para a nossa vida atual e afrouxam o zelo dos outros, por meio do escárnio e do ridículo, dizendo: "Cessa o aconselhamento; deixa as advertências; eles não prestam atenção, não lhes dê nenhuma solidariedade." Visto que há aqueles que dizem tais coisas, eu me dirijo a vós demoradamente com o propósito de eliminar esta ideia perversa e este conselho satânico das mentes de muitos. Sei que tais coisas foram ditas até mesmo ontem

PRIMEIRO SERMÃO

por numerosos entre vós que, ao verem certas pessoas nas tabernas, disseram, rindo e zombando: "Estão totalmente persuadidos? Estes são os que nunca entram numa taberna! Chegaram todos à sabedoria?" O que dizes, ó homem? É isso que nos comprometemos a fazer, capturar todos os peixes na rede num único dia? Pois se apenas dez forem persuadidos – se apenas cinco –, se apenas um, isso não é suficiente para nos consolar? De minha parte, posso ir além. Suponde que ninguém tenha sido persuadido por nossas palavras, embora seja impossível que a palavra falada a tantos ouvintes se torne infrutífera – suponde, no entanto, que assim seja – ainda assim a palavra não seria sem proveito.

Pois se muitos entraram numa taberna, não entraram nela com a desfaçatez costumeira; mesmo na mesa festiva eles pensam em nossas palavras, em nossas repreensões. Ao lembrar, sentem culpa e se envergonham, como se corassem por dentro. Embora tenham continuado a agir da forma habitual, não o fizeram com a imprudência de sempre. E este é o começo da salvação e do melhor tipo de mudança – que é se sentir envergonhado em qualquer medida daquilo que estava sendo feito, condenar em alguma medida aquilo que estava sendo feito. Além disso, outro e não menor ganho nos advém deste trabalho. O que é? É fazer com que aqueles que já são sábios se tornem mais cuidadosos. É persuadi-los, pela palavra falada, de que são os mais bem-aventurados entre todos os homens, visto que não se deixam levar pela multidão. Se não fui capaz de restaurar a saúde aos enfermos, tornei mais vigorosos aqueles que estavam bem. Se a palavra não afastou ninguém do pecado, ela tornou mais vigilantes aqueles que viviam na virtude.

A esses motivos acrescentarei um terceiro. Não fui capaz de persuadir hoje? Mas persuadirei talvez amanhã. Ou mesmo se não acontecer amanhã, talvez depois de amanhã ou no dia seguinte. Aquele que ouviu e rejeitou a palavra hoje talvez a ouça e obedeça a ela amanhã. Aquele que recusa a palavra hoje e amanhã talvez se atente ao que é dito dentro de mais alguns dias. Pois mesmo o pescador lança sua rede durante um dia inteiro, em vão. À noite, quando está prestes a partir, ele encontra o peixe que fugira dele durante o dia inteiro. E se por causa dos insucessos frequentes fôssemos condenados a viver no ócio e abandonar todo o trabalho, nossas vidas não teriam nenhum significado. Em ruínas ficariam não apenas os assuntos de ordem espiritual, como também os de ordem material. Pois se o lavrador abandonasse seu trabalho por conta de um, dois ou mais episódios de

PRIMEIRO SERMÃO

inclemência da natureza, todos nós pereceríamos, vítimas da fome. E se o marinheiro abandonasse o mar por conta de uma, duas ou mais tempestades, o oceano se tornaria intransitável e, desse modo, nossas vidas seriam muito prejudicadas. Assim por diante, examinando todos os ofícios, se os homens agissem como vós nos incitais e como nos aconselhais a fazer, tudo seria perdido e a Terra se tornaria inabitável. Todos os homens, portanto, tendo isso em conta, ainda se aplicam ao trabalho com entusiasmo inalterado, mesmo se deixam de obter o fruto de seus esforços uma, duas vezes ou muitas vezes.

Sabedores de todas essas coisas, queridos irmãos, não falemos assim, eu vos imploro. Não digamos: "De que valem tais discursos? Não produzem bons resultados." O lavrador semeia o mesmo campo uma, duas ou muitas vezes, sem obter proveito, trabalha novamente o mesmo solo e muitas vezes recupera num ano bom os prejuízos do passado. Depois de muitos naufrágios, o mercador não evita o mar. Prepara seu navio, contrata marinheiros e volta a gastar dinheiro no mesmo tipo de empreendimento, embora o futuro permaneça tão incerto quanto antes. E todos os que estão acostumados a exercer qualquer ocupação agem da mesma forma que o lavrador e o mercador.

A RIQUEZA E A POBREZA

Se demonstram tanto zelo nos assuntos desta vida, mesmo que o resultado seja duvidoso, devemos desistir imediatamente porque quando falamos não somos ouvidos? Que desculpa teremos? Além disso, em seus infortúnios, não há quem os console por suas perdas, nem ninguém para remediar a pobreza provocada pelo naufrágio quando o mar engole o navio. Se a chuva inundar o campo e fizer com que a semente pereça, o lavrador deve voltar para casa de mãos vazias. Mas não é o que acontece conosco, que pregamos e alertamos os homens. Pois quando lançais a semente e o ouvinte não a recebe e não se produz o fruto da obediência, tendes a recompensa de vosso intento depositada junto a Deus. Recebereis a mesma recompensa – quer o ouvinte obedeça ou desobedeça – pois cumpristes todos os vossos deveres.

Não somos responsáveis por não convencer aqueles que nos ouvem, mas apenas por lhes dar conselhos. Cabe a nós dar o alerta e aos outros prestar atenção. Assim como, se fizerem muitas boas ações sem nossa exortação, todo o ganho seria somente deles, pois não os aconselhamos; então, se não derem atenção a nossos alertas, todo o castigo recairá sobre eles; contra nós não há acusações, mas sim uma grande recompensa de Deus à nossa espera, visto que cumprimos nosso

PRIMEIRO SERMÃO

dever. Recebemos apenas a ordem de dar o dinheiro aos credores, isto é, falar e aconselhar. Falai, portanto, e alertai vosso irmão. Ele não escuta? Tendes ainda vossa recompensa preparada. Basta continuar a agir assim e nunca desistir enquanto durar a vida, até produzir a conversão. Que nada possa dar fim a vossas exortações, senão a obediência daqueles que vos escutam.

O Tentador vai e vem continuamente para frustrar nossa salvação, enquanto ele próprio nada ganha. Pelo contrário, pelo seu zelo ele é um perdedor em último grau. Mesmo assim, tamanho é seu furor que ele frequentemente tenta o impossível. Não ataca apenas aqueles que ele espera fazer tropeçar ou cair, mas também aqueles que com toda probabilidade escaparão de suas armadilhas. Portanto, quando ouviu Jó ser louvado por aquele Deus que conhece todos os segredos, ele decidiu ser capaz de vencer. Não cessou de usar todos os seus artifícios, todas as suas artimanhas para causar a queda daquele homem. O espírito de todo mal e da iniquidade não se esquivou da tentativa, embora Deus tivesse atribuído tal graça a aquele homem justo. Não nos envergonhamos? Dizei-me, não coramos se desistirmos da salvação de nossos irmãos enquanto o Inimigo nunca desiste de realizar nossa ruína e sempre a espera? Na verdade, Satanás deveria, antes da tentativa, ter se abstido da competição, pois foi o próprio Deus que atestou a virtude de Jó. Mesmo assim, ele não desistiu, mas por causa de seu ódio louco por nós, mesmo depois do testemunho favorável do próprio Deus, ele manteve a esperança de enganar aquele homem justo. No nosso caso, não existem circunstâncias que nos causem tanto desespero e ainda assim desistimos! O diabo também, embora proibido por Deus, não cessa de lutar contra nós. Vós, porém, fugis do trabalho enquanto Deus ordena e incita a recuperação dos caídos! O tentador ouviu Deus dizer: homem justo, verdadeiro, temente a Deus, abstendo-se de toda obra má, sem igual na Terra. No entanto, depois de um testemunho tão forte e elevado a favor de Jó, ele perseverou e disse: "Não poderei finalmente, pela persistência e grandeza dos males a ele impostos, enredá-lo e derrubar esta grande coluna?".

Que perdão, portanto, haverá para nós, se não pusermos em prática (enquanto sofremos tal fúria do maligno contra nós) sequer a menor parte deste zelo pela salvação de nossos irmãos, quando temos Deus ao nosso lado nessas questões? Pois quando virdes vosso irmão iníquo e taciturno, sem vos dar atenção, dizei o seguinte dentro de vós mesmos: "Não

PRIMEIRO SERMÃO

poderei, numa ou noutra ocasião, persuadi-lo?" Assim também São Paulo nos ordenou: "Ora, o servo do Senhor não deve brigar, deve ser manso para com todos, competente no ensino, paciente na tribulação. É com suavidade que deve educar os opositores, na expectativa de que Deus lhes dará não só a conversão para o conhecimento da verdade."[2] Não observais quantas vezes os pais, em desespero por causa dos filhos, sentam-se chorando, lamentando, abraçando-os, tentando tudo ao seu alcance até o último suspiro? Fazei isso também por seu irmão. Embora os pais, com suas lamentações e lágrimas, não consigam remover a doença nem evitar a morte iminente, vós podeis, no caso de uma alma em perigo, por perseverança e assiduidade, por lamentação e lágrimas, promover recuperação e restauração. Aconselhastes e falhastes em convencer? Então chorai e fazei esforços frequentes; gemei profundamente, para que, envergonhado por vossa constância, ele possa se voltar para a busca da salvação. O que posso fazer sozinho? Pois eu sozinho não posso estar presente junto a vós todos os dias, nem sou suficiente para convencer a multidão. Mas vós, se vos preocupardes em cuidar da salvação uns dos

---

2 2Tm 2, 24-25.

outros, e se cada um tomar as mãos de um de nossos irmãos negligenciados, vós rapidamente promovereis a edificação de todos nós.

E que necessidade há de falar daqueles que, depois de repetidas advertências, voltaram ao seu juízo perfeito? Não cabe a nós abandonar ou negligenciar nem aqueles que estão incuravelmente enfermos, nem se antevermos com clareza que, depois de ter recebido o benefício de nosso zelo e bom conselho, eles nada tirarão de proveitoso. E se o que eu digo parece-vos irracional, deixa-me confirmá-lo por coisas que o próprio Cristo disse e fez. Pois nós, sendo ignorantes do futuro, não podemos, portanto, ter certeza quanto aos ouvintes, se eles serão persuadidos ou se não acreditarão naquilo que dissermos. Mas Cristo, conhecendo perfeitamente tanto um quanto o outro, não cessou de instruir o desobediente até o fim.

Assim, sabendo que Judas não deixaria de cometer sua traição, Cristo não desistiu de tentar desviá-lo de sua infidelidade, por conselho, por advertências, por tratamento gentil, por ameaças, por todo tipo de instrução e cuidando dele com Suas palavras, como se elas fossem uma rédea. Fez isso para nos ensinar que, embora saibamos de antemão que os irmãos não serão persuadidos, devemos fazer tudo ao nosso

PRIMEIRO SERMÃO

alcance, pois a recompensa de nossa admoestação é certa. Vede também com que assiduidade e sabedoria o Senhor buscou conter Judas ao dizer: "Um de vós me entregará"[3] e também: "Não falo de todos vós; eu conheço os que escolhi."[4] E ainda: "Um de vós é um diabo."[5] Ele preferia deixar todos os apóstolos na agonia da dúvida a revelar o traidor ou torná-lo ainda mais impudente com a reprovação aberta. Pois essas declarações criaram problemas e terror em outros, embora não houvesse mal em suas consciências. Escutai como cada um dos apóstolos indaga ansiosamente: "Acaso sou eu, Senhor?"[6]

Ele o instruiu não apenas por palavras, mas também por atos. Pois enquanto Cristo manifestava com frequência e intensidade Seu amor ao homem – purificando os leprosos, expulsando demônios, curando os enfermos, ressuscitando os mortos, restaurando o paralítico e fazendo o bem a todos –, por outro lado, Ele não punia ninguém e dizia constantemente: "Não vim para julgar o mundo, mas para salvar o mundo."[7]

---

3 Mt 26, 21.
4 Jo 13, 18.
5 Jo 6, 70.
6 Mt 26, 22.
7 Jo 12, 47.

A RIQUEZA E A POBREZA

Mas para que Judas não pensasse que Cristo sabia apenas abençoar e não punir, Cristo ensina a ele exatamente isso, ou melhor, que Ele era capaz de punir e infligir castigos aos pecadores.

Vede, então, com quanta sabedoria e propriedade Ele ensina, e observai que Ele não consente em punições ou castigos a qualquer ser humano. E por quê? Para que o discípulo aprenda Seu poder de punir. Pois, se Ele tivesse punido qualquer homem, teria parecido contrariar Sua própria declaração quando disse: "Não vim para julgar o mundo, mas para salvá-lo." Por outro lado, se Ele não tivesse exibido o poder de punição, o discípulo teria permanecido no erro, sem aprender, a partir de Seus atos, Seu poder de castigar. Como então isso aconteceu?

Para que o discípulo tenha medo e não se torne pior por falta de reverência, nem sofra punições e castigos, Cristo mostrou Seu poder sobre a figueira, dizendo "Nunca mais produzas fruto"[8], fazendo com que ela murchasse instantaneamente apenas com suas palavras. Dessa forma, sem causar dano a ninguém, ele mostrou Seu poder, embora tenha sido apenas uma árvore o alvo do seu castigo. E o discípulo, se tivesse

---

8 Mt 21, 19.

PRIMEIRO SERMÃO

atentado a essa instância de punição, teria colhido proveitos. Mesmo assim, ele não se corrigiu. E Cristo, que tudo previa, não se limitou àquela medida, mas fez também uma maravilha ainda maior. Pois quando os hebreus vieram atrás d'Ele, armados com espadas e bastões, Ele fez com que todos ficassem cegos, como mostram suas palavras: "A quem buscais?" Visto que Judas disse repetidas vezes: "O que me dareis se eu o entregar?",[9] o Senhor, desejando provar aos hebreus e deixar que Judas também soubesse que Ele foi por sua própria vontade para seu suplício, e que todos esses eventos estavam em Seu próprio poder; que Ele não tinha sido derrotado pela iniquidade de outro, Ele disse, quando o traidor ficou imóvel junto de todos os seus companheiros "A quem buscais?", Judas não conhecia aquele a quem viera trair, porque seus olhos estavam cegos. Nem foi tudo, mas Cristo, por Sua palavra, fez com que todos caíssem no chão. E visto que mesmo isso não os tornou menos cruéis, nem fez com que o infeliz desistisse da traição, pois ele ainda era incorrigível, nem assim Cristo desistiu de sua bondade e consideração. Observai a forma comovente como Ele lida com essa mente desprovida de vergonha, e como

---

9 Mt 26, 15.

A RIQUEZA E A POBREZA

Ele diz palavras capazes de derreter um coração de pedra. Pois quando Judas avança para beijá-lo, o que Cristo diz? "Judas, com um beijo entregas o Filho do Homem?",[10] não te envergonhas da maneira como me traíste? Este Cristo disse para tocá-lo e lembrar-se da proximidade anterior. Mas enquanto o Senhor agia e falava assim, o traidor não mudou para melhor – não por causa da fraqueza daquele de quem veio o conselho, mas pela inutilidade daquele que o recebeu. E Cristo, embora previsse todas essas coisas, do início ao fim da cena, não deixou de fazer tudo o que fosse compatível com Seu próprio caráter.

Visto que sabemos todas essas coisas, devemos ensinar e amar, de modo constante e pleno, aqueles de nossos irmãos que são negligentes, mesmo sem obter o objetivo de nosso conselho. Pois se, conhecendo o resultado, o Senhor exibiu tamanha solicitude para com aquele que nada aproveitaria com a advertência, que indulgência nos caberá, quando, sem conhecer o resultado nos descuidamos da salvação de nosso próximo – quando desistimos após a segunda ou terceira tentativa? Além de tudo isso que dissemos, levemos em consideração o nosso próprio caso, visto

---

10 Lc 22, 48.

PRIMEIRO SERMÃO

que Deus se dirige a nós dia após dia, pelos profetas, pelos apóstolos, e dia após dia somos desobedientes; e mesmo assim, Ele não cessa de argumentar e apelar para aqueles que sempre são obstinados e desatentos. Paulo também clama em voz alta, usando estas palavras: "Sendo assim, em nome de Cristo exercemos a função de embaixadores e por nosso intermédio é Deus mesmo que vos exorta. Em nome de Cristo, suplicamos-vos: reconciliai-vos com Deus."[11] Pode-se dizer uma coisa estranha: aquele que prevê que o destinatário de seu conselho será em algum grau persuadido por ele e, portanto, dá seu conselho, não é tão digno de elogios quanto aquele que, muitas vezes falando e aconselhando, fracassa e não desiste. Pois, no primeiro caso, a esperança do convencimento estimula o esforço, embora ele possa ser o mais preguiçoso dos homens; mas o outro, que aconselha e é desprezado, e ainda assim não desiste, dá a prova do amor mais ardente e puro. Ele não é estimulado por nenhuma esperança, como ocorre no exemplo anterior, somente pelo amor ao irmão ele persevera em seu cuidado ansioso.

Porém já dei provas suficientes de que não devemos jamais desertar aqueles que tombaram, mesmo

---

11 2Co 5, 20.

sabendo de antemão que não seremos ouvidos. Devemos seguir com a condenação à vida de prazeres. Enquanto tal banquete prosseguir e o diabo continuar a ferir as almas dos ébrios com a bebida, é nosso dever continuar a aplicar o remédio.

No dia de ontem, nós nos fortificamos contra os ébrios com as palavras de Paulo, "Quer comais, quer bebais, quer façais qualquer outra coisa, fazei tudo para a glória de Deus".[12] Hoje mostraremos a eles o Senhor de Paulo, que não apenas aconselha e exorta a abstenção dos prazeres, mas que também castiga e pune quem levou uma vida de prazeres. Como veremos, a história do homem rico, de Lázaro, e do que aconteceu aos dois, demonstra exatamente isso. Será melhor, porém, que eu faça a leitura da parábola inteira desde o começo, para evitar que a tratemos de forma superficial. "Havia um homem rico que se vestia com púrpura e linho e cada dia se banqueteava com requinte. Um pobre chamado Lázaro jazia à sua porta coberto de úlceras. Desejava saciar-se com o que caía da mesa do rico... Até os cães vinham lamber-lhe as úlceras."[13]

---

12 1Cor 10, 31.
13 Lc 16, 19-21.

PRIMEIRO SERMÃO

Podemos nos interrogar o motivo pelo qual o Senhor falou por meio de parábolas e por que razão explicou algumas delas e não outras. Podemos até questionar o que é uma parábola. São muitas as perguntas, mas vamos deixá-las para outra ocasião, para não adiar uma discussão tão premente.

Farei a vós uma única pergunta. Quem foi o evangelista que nos relatou essa parábola de Cristo? Lucas foi o único a relatá-la. Deveis também saber que os quatro evangelistas registraram algumas das palavras de Cristo, mas cada um deles, individualmente, escolheu o que relatar. Por quê? Para nos obrigar a ler os outros evangelhos e nos fazer perceber como é notável sua harmonia. Pois se cada um deles nos dissesse tudo, não estudaríamos os livros com a mesma atenção, pois bastaria um dos evangelhos para receber todos os ensinamentos. Mas se cada um deles falasse de coisas diferentes, não perceberíamos o notável consenso. Por esse motivo, existem muitos relatos em comum, mas cada evangelista também escolheu coisas para contar individualmente.

Pois o que Cristo nos ensina com a parábola é o seguinte: havia um homem rico, diz Ele, levando uma vida de grande iniquidade. O homem não foi testado por nenhum infortúnio e toda sua vida fluía como a

A RIQUEZA E A POBREZA

água de uma fonte. "Ele se banqueteava com requinte todos os dias." Essas palavras deixam subentendido que nada de inesperado lhe ocorria, nenhum motivo para sofrimento nem perturbações na sua vida. É evidente que ele levava uma vida de iniquidade, tanto pelo seu destino, quanto pelo desdém que demonstrava ao pobre Lázaro. Sua negligência não se resumia ao homem à sua porta: ele também se recusava a ajudar qualquer um. Pois nenhuma esmola dava ao pobre prostrado diante de seus olhos, a quem era obrigado a ver repetidamente, todos os dias, sempre que entrava e saía. Se nada dava para aquele homem que não jazia na rua nem em algum lugar oculto e estreito, mas sim num local onde o rico era obrigado a vê-lo ao entrar e sair, se (digo eu) não dava esmolas para o homem que jazia em tamanho sofrimento, em tal abandono, afligido por grave doença crônica durante toda a vida, quem mais ele poderia encontrar que lhe provocasse piedade? Supondo que ele passou pelo homem no primeiro dia, seria provável que tivesse sentido alguma piedade no segundo dia. Se o ignorou de novo, com certeza teria se comovido no terceiro ou quarto dia ou até depois, mesmo se fosse mais cruel que os animais selvagens. Mas não sentiu tais emoções, tornando-se mais duro e mais imprudente ainda do que aquele juiz

PRIMEIRO SERMÃO

iníquo que não temia a Deus nem tinha consideração para com os homens. Pois a persistência da viúva persuadiu aquele juiz a conceder um favor, por mais cruel e selvagem que ele fosse. As súplicas da mulher o fizeram sentir piedade. Mas nem a persistência foi capaz de levar o rico a ajudar o pobre, embora o que o pobre pedisse fosse bem mais simples de realizar e bem mais justo que as reivindicações da viúva. Pois ela o procurou para obter ajuda contra seus inimigos enquanto o pobre implorava ao rico para livrá-lo da fome e para não ser ignorado em sua agonia. A mulher importunava o juiz com seu pedido, mas o pobre aparecia ao rico muitas vezes por dia, sempre calado. É o suficiente para amolecer um coração de pedra. Pois quando somos importunados, costumamos nos tornar mais duros. Mas quando vemos aqueles que precisam de ajuda, em completo silêncio, sem emitir um som, sem se queixar, embora nunca saciados, mas simplesmente calando diante de nós, mesmo se formos mais insensíveis do que as pedras, sentimo-nos envergonhados diante de tamanha modéstia e somos levados à piedade. E havia mais um fato não menos significativo: a aparência do pobre era lamentável, pois estava vencido pela fome e por uma longa doença. No entanto, nada disso dobrou aquele homem selvagem.

A RIQUEZA E A POBREZA

Tal crueldade é iniquidade da pior espécie. É uma desumanidade sem comparação. Pois não é o mesmo quando alguém que vive na pobreza não ajuda os necessitados e quando alguém que desfruta de tantos prazeres negligencia aqueles que definham com a fome. Volto a dizer, ver um pobre uma ou duas vezes e passar por ele não é o mesmo que vê-lo todos os dias sem ser tocado pela piedade e generosidade diante daquele quadro persistente. E repito, não é o mesmo quando aquele tem o coração aflito pelo infortúnio e o sofrimento não ajuda o vizinho e quando aquele que desfruta de felicidade e boa sorte constantes e negligencia os famintos, fechando o coração, sem se tornar mais generoso em vistas de sua própria alegria. Pois sabeis com certeza que, mesmo se somos os mais intratáveis dos homens, em geral nos tornamos mais gentis e bondosos quando afortunados. Mas a prosperidade não trouxe progressos para aquele homem; ele permaneceu bestial, ou melhor, ultrapassou a crueldade e a desumanidade de qualquer fera com seu comportamento.

No entanto, ele que levou a vida na iniquidade e na desumanidade desfrutou de todo o tipo de fortuna, enquanto o justo, que praticou a virtude, suportou infortúnios extremos. No caso de Lázaro, podemos provar que se tratava de um justo tanto pelo seu fim

PRIMEIRO SERMÃO

quanto pelo que se passou antes do fim, pela forma paciente como suportou a pobreza. Não vedes toda a situação como se fosse atual? O rico tinha um barco cheio de mercadorias e ele navegou ao vento. Mas não vos surpreendeis: ele corria para um naufrágio pois recusava-se a descarregar seus porões com prudência. Devo contar outra de suas perversidades? Seus banquetes diários exagerados e inescrupulosos. Pois é sinal de extrema perversidade não apenas agora, quando se espera de nós uma maior sabedoria, mas mesmo no começo, sob a antiga aliança, quando menos sabedoria havia sido revelada. Escutai o que o profeta diz: "Ai... vós que vos aproximais do dia da desgraça que se avizinha e que adotais falsos Sabbats."[14] O que significa "que adotais falsos Sabbats?"

Os hebreus pensam que o Sabbat é concedido para o ócio. Não é essa sua razão de ser. É a ocasião para deixar de lado todas as ocupações mundanas e devotar-se às preocupações espirituais. O dia reservado ao Senhor, longe de ser centrado no ócio, é voltado ao trabalho espiritual. O sacerdote, de fato, trabalha em dobro:

---

14 Am 6, 3. Tradução livre a partir do texto em inglês da Bíblia Septuaginta. A Bíblia Septuaginta, diferentemente da Bíblia de Jerusalém, apresenta o termo "Sabbat"; sua ausência tornaria o trecho incompreensível para a exposição de São João Crisóstomo.

A RIQUEZA E A POBREZA

enquanto um sacrifício é oferecido a cada dia, no Sabbat ele deve oferecer um duplo sacrifício. Se o Sabbat fosse simplesmente dedicado ao ócio, o sacerdote deveria ficar mais ocioso ainda do que o restante das pessoas. Como os hebreus, embora liberados das atividades mundanas, não cuidavam dos assuntos da vida espiritual como o comedimento, a bondade e o estudo das divinas Escrituras, como faziam o contrário, empanturrando-se, inebriando-se, fartando-se de comida, cometendo todos os excessos, o profeta os condenou. Pois ao dizer "Ai... vós que vos aproximais do dia da desgraça" e acrescentou "que adotais falsos Sabbats", ele mostrou pelas palavras seguintes de onde vinha a falsidade. Como os hebreus tornavam falsos seus Sabbats? Ao cometerem gestos de iniquidade, comerem em excesso, embriagarem-se e cometerem uma grande quantidade de atos vergonhosos e repulsivos. Para provar que isso é a verdade, ouvi o que vem a seguir. Ele revela o que estou dizendo quando acrescenta imediatamente: "Estão deitados em leitos de marfim, estendidos em seus divãs, comem cordeiros do rebanho e novilhos do curral [...] bebem crateras de vinho e se ungem com o melhor dos óleos."[15]

---

15 Am 6, 4-6.

PRIMEIRO SERMÃO

Recebestes o Sabbat para libertar vossas almas da iniquidade, mas escravizaste-as ainda mais. Pois o que poderia ser pior que este tipo de frivolidade, o sono em leitos de marfim? Os outros pecados, como a embriaguez, a ganância e a devassidão, fornecem algum prazer, por menor que seja. Mas que prazer existe em se deitar em leitos de marfim? Que consolo? A beleza do leito não torna o sono mais tranquilo nem mais agradável, não é? Pelo contrário, ele é mais penoso e desconfortável, se usarmos do bom senso. Pois ao ponderar que, enquanto dormis em leito de marfim, há alguém que não desfruta de alimento suficiente, não vos sentireis condenado pelas vossas consciências e instados a denunciar tamanha iniquidade? Mas qual seria a defesa possível para a acusação de dormir em leitos de marfim adornados com prata? Desejais ver o que torna um leito verdadeiramente belo? Mostrarei a vós o esplendor de um leito que não pertence a um cidadão, nem a um soldado, mas sim a um rei. Pois mesmo se fordes o mais ambicioso dos homens, tenho certeza de que não desejais ter um leito mais esplêndido do que o de um rei. E mais, não me refiro a um rei qualquer, mas sim ao maior dos reis, ao mais majestoso de todos, que ainda é louvado em cantos por todo o mundo: eu vos mostro o leito do abençoado

A RIQUEZA E A POBREZA

Davi. Que tipo de leito ele dispunha? Não era inteiramente adornado com ouro e prata, mas por lágrimas e confissões. Ele mesmo nos diz: "De noite eu choro na cama, banhando meu leito de lágrimas."[16] Derramava lágrimas como se fossem pérolas, espalhando-as por seu leito.

Pensai comigo como amava Deus em sua alma. Durante o dia, ele vivia muitas preocupações com governantes, comandantes, nações, povos, soldados, guerras, paz, política e problemas dentro e fora de sua casa, ou entre vizinhos. Tudo isso o distraía e desviava sua atenção. O tempo de lazer que o restante das pessoas usa para o sono, ele dedicava a confissões, orações e lágrimas. Não fez isso por apenas uma noite, parando na segunda, nem por apenas duas ou três noites, omitindo algumas entre elas. Ele fazia isso todas as noites, pois disse "De noite eu choro na cama, banhando meu leito de lágrimas", o que revela a abundância e a constância de seu pranto. Quando tudo era silêncio e repouso, ele se encontrava sozinho com Deus, e o olho que nunca dorme estava com ele enquanto chorava, lamentava-se e contava seus pecados privados. Deveis fazer um leito semelhante para vós. A prata que vos

---

16 Sl 6, 7.

PRIMEIRO SERMÃO

cerca desperta a inveja dos homens e provoca a ira do alto. Lágrimas como as de Davi são capazes de extinguir o próprio fogo do inferno.

Devo vos mostrar outro leito? Eu me refiro ao leito de Jacó. Tinha o chão nu sob seu corpo e uma pedra sob a cabeça. Por esse motivo, ele viu a Rocha espiritual e a escada por onde os anjos subiam e desciam.[17] Devemos escolher tais leitos para que possamos ter também sonhos semelhantes. Mas se nos deitarmos em leitos de prata, além de não ganharmos qualquer prazer, suportaremos aflições. Pois no frio mais intenso, no meio da noite, enquanto dormis em vossos leitos, o pobre se joga numa pilha de palha junto à porta dos banhos, cobrindo-se com ela, tremendo de frio, com o corpo doído, maltratado pela fome – mesmo se fordes o mais insensível dos homens, estou certo de que vós vos condenareis por desfrutar de luxos desnecessários sem permitir a ele nem aquilo que é básico. "Ninguém engajando-se ao exército", como foi escrito, "se deixa envolver pelas questões da vida civil."[18] Sois soldados espirituais. Esse tipo de soldado não dorme em leito

---

17 Referindo-se à pedra que se quebra "sem intervenção de mãos" (Dn 2, 34) ou à "pedra angular" (Sl 118, 22).
18 2Tm 2, 4.

de marfim, deita-se no chão. Não é ungido com óleos perfumados: tais são os interesses dos homens corrompidos que se envolvem com as cortesãs, daqueles que atuam no palco, daqueles que levam uma vida imprudente. Não deveis sentir outro perfume senão o da virtude. Nada é mais impuro para a alma do que o corpo com tal fragrância. Pois a fragrância do corpo e das roupas seriam um sinal do fedor e da imundice do interior. Quando o diabo ataca e destrói a alma com a volúpia, quando a enche com grande frivolidade, ele apaga a mancha da própria corrupção do corpo com perfumes. Assim como aqueles que são continuamente afligidos por um corrimento nasal e catarro mancham as roupas, as mãos, os rostos, limpando os narizes. Assim também a alma do homem perverso limpará o corrimento do mal em seu corpo. Quem será capaz de esperar algo de nobre e de bom daquele que recende aos perfumes e que se mantém na companhia das mulheres, ou melhor, das cortesãs, e leva a vida de um dançarino? Que vossa alma inspire uma fragrância espiritual para que sejais capazes de dar o maior dos benefícios a vós e a vossos companheiros.

Não há nada mais atroz que os excessos. Ouvi o que Moisés disse a respeito: Jacó ficou "gordo, robusto e corpulento, rejeitou o Deus que o fizera".[19] Moisés

---

19   Dt 32, 15.

PRIMEIRO SERMÃO

não diz que Jacó se afastou; diz que ele rejeitou o Deus que o fizera, sugerindo como se tornara altivo e descontrolado. Em outro trecho, Moisés diz que depois de comer e beber "fica atento a ti mesmo para que não esqueças de Javé, teu Deus".[20] Desse modo, ceder aos excessos costuma levar ao esquecimento. Quanto a vós, amados irmãos, se sentardes à mesa, lembrai-vos de que ao deixá-la, deveis orar. Enchei a barriga com moderação para não vos tornar pesados demais para dobrar os joelhos e clamar a seu Deus. Não vedes como os jumentos deixam a manjedoura prontos para caminhar, transportar cargas e realizar o serviço esperado? Mas, ao deixar a mesa, sois incapazes e inúteis para qualquer tipo de trabalho. Como evitaríeis de ser ainda menos digno do que os jumentos? Por que digo isso? Porque esta é a hora em que mais se precisa estar sóbrio e vigiar. O momento após a ceia é ocasião de agradecimento e aquele que agradece não deve estar ébrio, e sim sóbrio e vigilante. Depois da ceia, não nos recolhamos ao leito. Ponhamo-nos em oração ou corremos o risco de nos tornar mais irracionais que os animais irracionais.

Sei que muitos condenarão o que digo, pensando que estou introduzindo em nossas vidas um cos-

---

20 Dt 8, 11.

A RIQUEZA E A POBREZA

tume novo e estranho. Condenarei com mais força o costume perverso que agora prevalece entre nós. Cristo deixou bem claro que depois de nos alimentar à mesa, devemos nos dedicar à oração e à leitura das divinas escrituras e não ao sono em nossos leitos. Quando alimentou a grande multidão no deserto, ele não mandou todos para a cama, para dormir. Ele os convocou a ouvir palavras divinas. Não encheu suas barrigas ao ponto de explodirem nem os deixou inebriados. Porém, ao satisfazer a necessidade, ele os conduziu ao alimento espiritual. Façamos o mesmo. Acostumemo-nos a comer apenas o suficiente para viver, não o suficiente para nos distrair e nos prostrar. Pois não nascemos, não vivemos para comer e beber. Comemos para viver. No princípio, a vida não foi criada para o ato de comer, e sim o ato de comer para a vida. Mas como se tivéssemos vindo ao mundo com este propósito, gastamos tudo para comer.

Para tornar mais veemente nossas denúncias sobre os excessos e ainda mais pertinente para aqueles que os praticam, voltemos a Lázaro. Assim nossos conselhos e orientações serão mais claros e verdadeiros quando verdes condenados e punidos aqueles que compareceram a banquetes, condenados e punidos não com palavras, mas com atos. Pois o homem rico que vivia

PRIMEIRO SERMÃO

em tamanha depravação, que praticava excessos diariamente e que se vestia com trajes esplêndidos estava preparando para si mesmo um castigo mais doloroso, criando uma fogueira maior, tornando inevitável sua punição e inacessível o perdão.

O pobre, por outro lado, jazia à sua porta e não se desencorajou, nem blasfemou, nem se queixou. Não disse para si mesmo o que tantos dizem: "O que é isso? Aquele que leva uma vida de perversidade, crueldade e desumanidade desfruta de mais do que necessita e não suporta sequer o sofrimento mental ou outros problemas inesperados (muitos que afligem a humanidade), mas ganha puro prazer, enquanto eu não consigo nem uma fração do que é necessário para a subsistência. A ele, tudo flui como se viesse de uma fonte, embora ele despenda tudo de bom em parasitas, aduladores e na embriaguez. E aqui estou como um exemplo para os passantes, uma fonte de vergonha e escárnio, consumido pela fome. Será isso o trabalho da providência? Existe alguma justiça encarregada dos atos da humanidade?"

Ele não disse isso nem pensou em tais coisas. Como o sabemos? Porque os anjos o conduziram em triunfo e sentaram-no junto a Abraão. Se tivesse cometido blasfêmia, ele não teria recebido tais honrarias. Muitos

A RIQUEZA E A POBREZA

admiram o homem por esse único motivo, por ele ser pobre. Posso, porém, demonstrar que ele suportou nove castigos que não foram impostos para puni-lo, mas para torná-lo mais glorioso. E de fato, foi o que se passou.

Em primeiro lugar, a pobreza é verdadeiramente terrível, como sabe qualquer um que a tenha experimentado. Pois nenhuma palavra consegue descrever a grande angústia que é suportada por aqueles que vivem como mendigos sem conhecer a sabedoria. Mas para Lázaro, esse não era o único problema. À pobreza somava-se a doença, num grau excessivo. Vede como ele mostra a dimensão desses infortúnios. Cristo mostrou que a pobreza de Lázaro superava toda pobreza daquela época ao dizer que Lázaro não desfrutava sequer das migalhas que caíam da mesa do homem rico. Em seguida, ele mostrou que a doença de Lázaro tinha o mesmo escopo de sua pobreza, ao dizer que os cães lambiam as suas feridas. Lázaro estava tão enfraquecido que não conseguia sequer espantar os cães. Jazia ali como um defunto vivo, observando a aproximação dos animais, sem forças para se proteger. Seus membros estavam tão enfraquecidos, tão consumidos pela doença e por suas dificuldades. Vedes que tanto a pobreza quanto a doença assediavam seu corpo num grau extremo? Cada uma, isolada, é terrí-

PRIMEIRO SERMÃO

vel e insuportável; quando se apresentam juntas, não seria um homem de aço o único capaz de suportá-las? Muitos adoecem com frequência sem que lhes falte o necessário para a subsistência. Outros vivem em extrema pobreza, mas desfrutam de boa saúde. Um bem se torna um consolo para o outro infortúnio. Mas aqui os dois infortúnios se apresentaram juntos.

Podeis me dizer que sabeis de alguém que é, ao mesmo tempo, doente e pobre. Mas não vivendo em tanta solidão. Pois mesmo se não está na própria casa, pelo menos em público, ele poderia receber a piedade daqueles que o veem. Para Lázaro, porém, a ausência de protetores tornou seus dois infortúnios ainda mais dolorosos. E essa ausência em si tornava-se ainda mais dolorosa ao se encontrar diante da porta da casa do rico. Pois se tivesse suportado tais sofrimentos e negligências enquanto jazia num lugar deserto ou desabitado, ele não teria sentido aflição igual. Se ninguém estivesse presente, ele teria sido persuadido, mesmo contrariado, a suportar o que lhe acontecia. Mas como não despertou em ninguém a menor das preocupações, embora se encontrasse no meio de tantos ébrios e foliões, ele passou a sentir uma aflição mais aguda e a se consumir pelo desencorajamento. Pois somos feitos de tal forma que não sentimos os infortúnios com tanta força quando não há ajuda. Tudo fica pior quando outros estão presentes e não estão dispostos a estender a mão. Era essa a situação de Lázaro naquele tempo. Pois não havia ninguém para consolá-lo com uma palavra ou reconfortá-lo com um gesto. Nenhum amigo, vizinho, parente nem mesmo um espectador, pois todos eram corruptos na casa do homem rico.

Além de tudo isso, Lázaro tinha diante de seus olhos o espetáculo de um homem rico e bem afortunado, o que deitava sobre seus ombros mais um fardo de aflição. Não quero dizer que ele fosse invejoso ou perverso. No entanto, sei que é da nossa natureza ter uma percepção mais aguçada de nossos infortúnios quando os comparamos com a prosperidade dos outros. No caso do homem rico, havia outra coisa que poderia ferir Lázaro ainda mais. Tinha ele uma percepção mais apurada de suas dificuldades não apenas ao comparar seu infortúnio com a prosperidade do rico, mas também ao considerar que o rico se saía bem em todos os aspectos, apesar de viver com crueldade e desumanidade, enquanto ele, vivendo com virtude e bondade, sofria terríveis infortúnios. Por esse motivo, ele suportava aflições inconsoláveis. Pois se o homem fosse justo, se fosse bom, se fosse admirável, se fosse dotado de todas

PRIMEIRO SERMÃO

as virtudes, ele não causaria pesares a Lázaro. Mas, ao contrário, aquele homem rico que vivia em pecado e tinha atingido o topo da maldade, que demonstrava tamanha desumanidade, que o tratava como a um inimigo, que passava por ele como se fosse uma pedra, sem pudor nem piedade, apesar de tudo isso, aquele rico desfrutava de tal afluência. Penseis como não poderia ele afundar a alma do pobre homem como uma sequência de ondas. Pensai em como Lázaro estaria propenso a se sentir, vendo parasitas, bajuladores, servos indo para um lado e para o outro, entrando e saindo, correndo, gritando, bebendo, batendo o pé e praticando todos os gêneros de libertinagem. Era como se tivesse vindo ao mundo com esse exato propósito, para ser testemunha da boa fortuna alheia. E ele jazia à porta, suficientemente vivo apenas para ser capaz de perceber seu próprio infortúnio, acometido por um naufrágio sem deixar o porto, atormentando sua alma com a mais amarga das sedes quando tão próximo da fonte.

Devo acrescentar mais um mal a todos esses? Ele não podia observar outro Lázaro. Mesmo se sofremos de uma infinidade de problemas, ao contemplar Lázaro, podemos pelo menos obter algum consolo e encorajamento. Encontrar quem partilha das mesmas misérias, em histórias ou em fatos, traz um grande

A RIQUEZA E A POBREZA

consolo aos que vivem em aflição. Mas ele não encontrava ninguém com sofrimentos semelhantes aos seus. De fato, não podia nem mesmo saber se algum de seus ancestrais havia suportado tanto. É o suficiente para trazer as trevas à alma. É possível acrescentar que ele sofria de mais um mal: não podia encontrar consolo na ideia da ressurreição. Acreditava que tudo se resumia à vida presente, pois encontrava-se entre aqueles que precederam o tempo da graça. Mesmo agora, entre nós, após adquirirmos tanto conhecimento das revelações divinas, como a esperança na ressurreição, o castigo dos pecadores e os prêmios para os justos, ainda existem pessoas tão pérfidas e miseráveis que não encontram apoio nem em tais expectativas. Como se sentia Lázaro que não dispunha sequer dessa âncora? Não podia praticar tal sabedoria, pois ainda não havia chegado a hora desses ensinamentos. Havia ainda mais o que acrescentar a esses males, pois sua reputação era caluniada pelos tolos. Pois a maioria das pessoas, ao ver alguém que passa fome, sofre com doenças crônicas e infortúnios extremos, não permite sequer que a pessoa mantenha uma boa reputação. Julga a vida do outro por suas dificuldades e acha que foi a iniquidade, sem dúvida, a causa de tanta miséria. Dizem entre si muitas tolices. Por exemplo,

PRIMEIRO SERMÃO

se esse homem fosse amado por Deus, Deus não teria permitido que sofresse na pobreza nem se submetesse a tantos infortúnios. Foi o que aconteceu a Jó e a Paulo. Ao primeiro disseram: "Se alguém se dirigisse a ti, perderia a paciência. Porém quem pode refrear-me as palavras? Tu que a tantos davas lições e fortalecias os braços desfalecidos, com tuas palavras levantavas o trôpego e sustentavas joelhos cambaleantes. E hoje que é a tua vez, vacilas? [...] Tua piedade não é tua segurança, tua esperança não é uma vida íntegra?"[21] O que ele quer dizer é algo assim: "Se tivesses feito algo de bom, não terias sofrido tudo o que sofreste. Mas pagas o preço do pecado e da transgressão."

Era o que mais afligia o abençoado Jó.

Os nativos de Malta disseram o mesmo sobre Paulo. Pois quando viram a víbora pendendo de sua mão, não imaginaram nada de bom. Acharam que era alguém que desafiava o mal. Fica claro pelo que dizem: "Acaba de escapar ao mar, mas a vingança divina não o deixa viver."[22] Costumamos também fazer extraordinário alvoroço com palavras semelhantes. De qualquer modo, embora as ondas fossem imensas e frequentes, o barco

---

21 Jó 4, 2-6.
22 At 28, 4.

A RIQUEZA E A POBREZA

não afundou. Lázaro se fortaleceu com a sabedoria como o orvalho que refresca continuamente uma pessoa numa fornalha.

Não disse a si mesmo nada parecido com o que muitos diriam, que se o homem rico, ao partir para o outro mundo, receber castigo, ele levou um por um, mas se desfrutar das mesmas honras daqui, ele levou dois sem pagar nada. Não é assim que vós, pessoas comuns, empregais tais expressões no mercado e levam a linguagem do hipódromo e do teatro para dentro da igreja? Envergonho-me, de fato, e ruborizo por proferi-las diante de vós, mas é necessário dizer tais coisas, libertar-vos do humor desordenado, da vergonha e dos malefícios desse tipo de conversa. Muitos costumam dizer tais coisas com um riso, mas até isso pertence aos métodos perversos do diabo, para introduzir ensinamentos corrompidos em nossas vidas sob a forma de expressões jocosas. Muitos usam essas palavras sem parar nas oficinas, no mercado, em suas casas: é uma marca de extrema descrença, do ridículo e de uma disposição infantil. Dizer "*Se* os iníquos são punidos quando se vão" sem estar completamente convencido de que serão punidos com toda certeza, é característico dos incrédulos e dos céticos. Se isso de fato acontecer (e *acontecerá*), pensar que o iníquo terá desfrutado uma recompensa igual ao justo indica o auge da tolice.

PRIMEIRO SERMÃO

O que dizeis? Se o rico parte deste mundo e é punido, *ele levou um por um*? Como chegastes a tal conclusão? Por quantos anos desejais supor que ele desfrutou o dinheiro nesta vida? Podemos supor por uma *centena* de anos? Estou disposto a dizer duzentos, trezentos ou o dobro ou, se preferirdes, até um milhar (o que é impossível, pois como está escrito "[...] o tempo de nossa vida [...] oitenta anos se ela for vigorosa"[23]). Mas digamos, até um milhar. Não podeis me mostrar uma vida sem fim nem limite que se assemelhe à vida eterna do justo? Dizei-me: se alguém em uma centena de anos tiver, certa noite, um sonho bom, desfrutando de grandes prazeres durante o sono, sereis capazes de dizer que ele levou "um por um" e tornar aquela noite de sonho o equivalente a centena de anos? Não é possível dizer isso. Deveis pensar do mesmo modo sobre a vida eterna. A vida presente está para a vida eterna como aquele sonho está para uma centena de anos. Aliás, a diferença é bem maior. Como uma gotícula diante da imensidão do oceano, seriam mil anos diante da glória e da felicidade futuras. O que seria preciso dizer além do fato de não ter limites e não conhecer fim? E também que assim como existe uma

---

23 Sl 90(89), 10.

A RIQUEZA E A POBREZA

distância entre sonho e realidade, existe uma distância semelhante entre a vida presente e a vida futura? Além do mais, mesmo antes da hora do castigo, aqueles que praticam a iniquidade e vivem em pecado são punidos neste mundo. Não me conteis simplesmente que tal homem aprecia uma mesa farta, usa trajes de seda, é acompanhado por bandos de escravos ao caminhar pelo mercado. Desdobrai para mim sua consciência e vereis em seu interior um grande tumulto de pecados, de medo perpétuo, tormentas, confusão. Sua mente aproxima-se do trono imperial da consciência como se adentrasse um tribunal, diante dos jurados, apresentando argumentos como num julgamento público, sujeitando-se aos maus-tratos do carrasco, uma mente torturada por seus pecados e chorando alto, sem nenhuma testemunha além de Deus, que é o único a tomar conhecimento desses dramas interiores.

O adúltero, por exemplo, mesmo imensamente rico, mesmo sem sofrer acusações, não para de se acusar na sua intimidade. O prazer é breve, mas a aflição é duradoura. O medo e os estremecimentos estão por toda parte. Há desconfiança e agonia. Ele teme os becos estreitos. Treme diante da própria sombra, diante de seus servos, daqueles que estão cientes de seus atos, diante daqueles que nada sabem, diante da

PRIMEIRO SERMÃO

própria mulher a quem enganou e diante do marido a quem insultou. Por toda parte carrega consigo um severo acusador: sua consciência. Com o peso de sua própria condenação, ele é incapaz de encontrar paz. Em sua cama, na mesa, no mercado, em casa, de dia, de noite, mesmo em sonhos ele enxerga com frequência a imagem do pecado. Leva a vida de Caim, gemendo e estremecendo sobre a terra mesmo quando ninguém tem conhecimento de suas faltas. O fogo o consome por dentro.

O mesmo acontece com aqueles que praticam o roubo e a fraude, aos ébrios e (numa palavra) a todos que vivem em pecado.

Não há como corromper *esse* tribunal. Mesmo se não buscamos a virtude, ainda sofremos a aflição ao deixar de buscá-la. E se buscamos o mal, ainda experimentamos a aflição quando cessa o prazer do pecado. Não digamos, ao nos referir aos iníquos que são ricos nesta vida e aos virtuosos que são premiados depois, que levam um por um, mas que levam dois por nada. Para os justos, tanto a vida futura quanto a vida presente fornecem grande alegria. Os iníquos, porém, são castigados aqui e depois. São punidos aqui mesmo pela perspectiva dos suplícios que os aguardam, pela perversa desconfiança de todos e pelo próprio pecado e a corrupção de suas almas. Depois de partir daqui, estão sujeitos à retaliação insuportável.

Em comparação, mesmo quando os virtuosos sofrem múltiplas tribulações neste mundo, eles são fortalecidos por grandes esperanças e encontram um prazer que é puro, seguro e permanente. A eternidade os acolherá com múltiplas coisas boas, assim como aconteceu com Lázaro.

Não me digais que ele tinha o corpo coberto de úlceras. Pensai que sua alma era mais preciosa que o ouro – ou melhor, sua alma e também seu corpo, pois a virtude do corpo não consiste em ser roliço e vigoroso, mas na capacidade de suportar tantas provações severas. Uma pessoa não é repugnante por ter tais feridas no corpo, mas sim se tiver múltiplas feridas na alma sem cuidar delas. Assim como aquele homem rico, cheio de feridas por dentro. Assim como os cães lambiam as feridas do pobre, os demônios lamberão os pecados do rico. E assim como Lázaro vivia faminto por alimentos, o rico vivia faminto por todo tipo de virtude.

Conhecedores de tudo isso, sejamos sábios. Não digamos que se Deus amasse a tal pessoa Ele não teria permitido que ela vivesse na pobreza. Esse fato é, na verdade, a maior evidência do amor divino: "Pois o

PRIMEIRO SERMÃO

Senhor educa a quem ama e castiga a quem acolhe como filho."[24] Também está escrito: "Meu filho, se te ofereceres a servir o Senhor, prepara-te para a prova. Endireita teu coração e sê constante."[25] Rejeitemos entre nós as noções frívolas e as expressões vulgares. "Nem ditos indecentes, picantes, maliciosos", está escrito, "não saiam de vossos lábios."[26] Não nos satisfaçamos apenas em não dizer tais coisas, mas ao ver que outros as dizem, silenciemo-los, lutemos vigorosamente contra eles, impeçamos suas línguas desavergonhadas. Dizei-me, se virdes um salteador rondando as estradas, à espera dos passantes, roubando das fazendas, escondendo ouro e prata em cavernas e fossos, guardando grandes rebanhos em seus esconderijos e adquirindo muitas roupas e escravos com os frutos de seus crimes, chamaríeis tal homem de afortunado por conta dessa riqueza ou desafortunado por conta dos castigos que o aguardam? De fato, ele ainda não foi capturado, não foi entregue ao juiz, não foi jogado na prisão, ninguém o acusa, seu caso ainda não entrou em votação, ele come e bebe de modo extravagante e

---

24 Pr 3, 12; Hb 12, 6.
25 Eclo 2, 1-2.
26 Ef 5, 4; 4, 29.

A RIQUEZA E A POBREZA

desfruta de grande abundância. De qualquer modo, não o chamamos de afortunado por causa de seus bens visíveis atuais; nós o chamamos de miserável por causa dos sofrimentos futuros que o aguardam.

Deveríeis pensar do mesmo modo nos ricos e avarentos. São como um tipo de salteador à espera na beira das estradas, roubando os passantes, enterrando os bens dos outros em suas próprias casas, como se elas fossem cavernas e fossos. Não os chamemos de afortunados pelo que possuem; chamemos de miseráveis pelo que se passará, por causa daquele terrível tribunal, por causa do julgamento implacável, por causa da escuridão que os aguarda. De fato, salteadores com frequência escapam das mãos da justiça humana. Contudo, mesmo sabendo disso, teríamos rezado por nós e por nossos inimigos para evitar essa vida e sua afluência maldita. Mas diante de Deus não podemos dizer nada, pois ninguém escapará de seu julgamento. Todos aqueles que vivem pela fraude e pelo roubo certamente atrairão para si mesmos aquele castigo imortal e infinito, assim como o rico.

Mediteis, caríssimos, e chamemos de afortunado não o rico, mas sim o virtuoso. Chamemos de miserável não o pobre, mas o iníquo. Não encaremos o presente, mas pensemos no porvir. Não examinemos

PRIMEIRO SERMÃO

as vestes, mas sim a consciência de cada um. Persigamos a virtude e a alegria que vêm dos atos virtuosos. Ricos e pobres, imitemos Lázaro. Pois esse homem não suportou apenas uma, duas ou três provas de virtude – elas foram muitas. Era pobre, era doente, não tinha ninguém que o ajudasse. Permaneceu diante de uma casa que poderia ter aliviado todas as suas aflições, mas não recebeu nenhuma palavra de conforto. Ele via o homem que o negligenciava desfrutando de tamanha opulência. Não apenas desfrutando da opulência, mas também vivendo na iniquidade sem sofrer qualquer infortúnio. Não podia olhar para outro Lázaro nem encontrar consolo na filosofia da ressurreição. Além dos males que mencionei, ele era mal falado pelo povo por conta de seus infortúnios. Não teve que suportar todo esse sofrimento por apenas dois ou três dias, mas durante a vida inteira, enquanto o rico vivia o oposto.

Que desculpa teremos para não tolerar nem a metade de seus sofrimentos quando esse homem suportou todos os infortúnios ao mesmo tempo com tamanha coragem? Não podeis mostrar ou nomear qualquer outro que tenha sofrido tanto, que sofreu tamanhos infortúnios. Foi por este motivo que Cristo colocou diante de nossos olhos o exemplo desse justo, para que na hora de nossa adversidade possamos pensar na imensidão de suas aflições, e possamos receber encorajamento e consolo de sua sabedoria e paciência. Ele se destaca como um professor único para o mundo inteiro, para aqueles que sofrem qualquer infortúnio, oferecendo-se para o olhar de todos, superando a todos no excesso de suas próprias atribulações.

Por tudo isso, agradeçamos a Deus, que ama toda a humanidade. Que consigamos encontrar auxílio nessa narrativa. Falemos de Lázaro nos conselhos, nos lares, no mercado e em toda parte. Examinemos cuidadosamente toda a riqueza advinda desta parábola, para que possamos atravessar as adversidades do presente sem tristeza e obter o bem que está por vir: que todos nós sejamos considerados dignos pela graça e o amor de Nosso Senhor Jesus Cristo, que está ao lado do Pai e do Espírito Santo, a quem seja dada a glória, a honra e a adoração, agora e para sempre, pelos séculos dos séculos.

Amém.

SEGUNDO SERMÃO

Sobre Lázaro – como as almas daqueles que têm mortes violentas não se transformam em espíritos errantes – sobre o futuro julgamento e a caridade

Fiquei impressionado pela boa vontade com que recebestes o sermão anterior sobre Lázaro, pois aprovastes a paciência do homem pobre e abominastes a crueldade e a desumanidade do homem rico. São indicações nada insignificantes de uma disposição virtuosa. Com efeito, mesmo quando não buscamos a virtude talvez sejamos capazes de obtê-la se pelo menos a louvarmos. E mesmo quando não evitamos o mal, talvez sejamos capazes de escapar dele se pelo menos o censurarmos. Portanto, como haveis acolhido tão bem aquele sermão, escutai: darei a vós a sequência.

Viste-lo à porta do homem rico. Vê-lo-eis hoje no seio de Abraão. Viste-lo lambido pelos cães. Vê-lo-eis carregado em triunfo pelos anjos. Viste-lo na pobreza. Vê-lo-eis em grande abundância. Viste-lo lutando contra

A RIQUEZA E A POBREZA

as dificuldades. Vê-lo-eis coroado pela vitória. Viste-lo em sofrimento. Vê-lo-eis na hora da recompensa, vós que sois ricos e vós que sois pobres. Os ricos, para que não penseis que a riqueza vale alguma coisa sem a virtude. Os pobres, para que não penseis que a pobreza é um mal. Este homem se apresenta como um professor para vós. Pois se não se queixou na pobreza, que indulgência merecem aqueles que se irritam no seio da opulência? Se em meio à fome e tantos males ele era capaz de dar graças, que desculpa podem dar aqueles que, na abundância, não se esforçam para seguir a mesma virtude? Enfim, que perdão obterão os miseráveis que se impacientam e se revoltam porque precisam mendigar para viver, enquanto Lázaro era capaz de demonstrar tanta sabedoria, levando sua vida diante da fome, da miséria, do abandono, da doença à porta do homem rico, desprezado por todos, sem encontrar com quem compartilhar seus sofrimentos? Vamos aprender com este homem a não chamar os ricos de afortunados, nem aos pobres de desafortunados. Verdade seja dita, o rico não é aquele que reuniu muitos bens materiais, mas aquele que precisa de pouco. E o pobre não é aquele desprovido de bens, mas aquele que a tudo cobiça. Devemos considerar essa a definição de pobreza e de riqueza. Assim, quando virdes alguém que cobiça muitos bens, tomai-o pelo mais pobre

SEGUNDO SERMÃO

dos homens mesmo se possuir todas as riquezas. Se, por outro lado, virdes alguém com poucas necessidades, deveis considerá-lo o mais rico de todos, mesmo se nada possuir. Pois estamos acostumados a julgar a pobreza e a prosperidade pela compreensão e não pela essência. Assim como não chamaríamos de saudável aquele que vive sedento, mesmo desfrutando de abundância, mesmo vivendo à beira dos rios e das fontes (a quem serviria, com efeito, tanta afluência de água se a sede não pode ser saciada?). Apliquemos o mesmo raciocínio aos ricos: não vamos acreditar que aqueles eternamente devorados por uma cobiça insaciável, que sentem eterna sede pelos bens dos outros, possam dispor de uma perfeita saúde da alma nem de uma abundância real. Não pensemos que desfrutam de alguma abundância. Pois poderia ser considerado afluente aquele que não consegue controlar a própria cobiça, mesmo depois de ter se apropriado de todos os bens dos outros? Mas aqueles que estão satisfeitos com o que têm e felizes com suas posses, sem ter inveja da prosperidade dos outros, mesmo na pobreza absoluta, devem ser considerados os mais ricos de todos. Pois o mais afluente de todos é aquele que não tem necessidade dos bens dos outros e fica feliz em ser autossuficiente. Se concordais, voltemos ao nosso tema.

A RIQUEZA E A POBREZA

"Aconteceu que o pobre morreu", diz Cristo, "e foi levado pelos anjos".[1] Nesse momento, desejo remover uma doença maligna de suas almas. Pessoas mais simples acham que as almas daqueles que têm mortes violentas se tornam demônios.

É impossível, totalmente impossível. Não são as almas daqueles que têm mortes violentas que se transformam em demônios, mas as almas daqueles que vivem em pecado. Não quero dizer que elas mudam de substância, mas sua disposição imita a malícia dos demônios. Em verdade, foi o que Cristo deixou claro ao se referir aos hebreus ao dizer: "Vós sois do diabo." Ele os chamou assim não por terem assumido a natureza do diabo, mas por fazerem o trabalho do diabo. Pela mesma razão, ele acrescentou: "Quereis realizar os desejos de vosso pai."[2] Do mesmo modo, João disse: "Raça de víboras! Quem vos ensinou a fugir da ira que está por vir. Produzi então fruto digno de arrependimento e não penseis que basta dizer 'Temos por pai Abraão'."[3] Pois a Sagrada Escritura costuma tratar das leis do parentesco, sem se referir aos elos decorrentes da natureza, mas sim àqueles que provêm

---

1 Lc 16, 22.
2 Jo 8, 44.
3 Mt 3, 7-9.

SEGUNDO SERMÃO

da virtude e do vício. A Escritura chama um homem de filho e irmão daquele cujo caráter compartilha.

Mas por que motivo o diabo introduziu essa crença detestável? Foi uma tentativa de abolir a glória dos mártires. Pois como encontraram mortes violentas, ele queria espalhar uma desconfiança pérfida contra eles. Mas não teve forças suficientes para lograr o êxito, pois os mártires ainda recebem a merecida glória. Em vez disso, ele realizou algo ainda mais abominável. Com a ajuda dessa crença, ele persuadiu os mágicos, seus servidores, a massacrar criancinhas na esperança de que se tornassem demônios para servi-los. Mas isso é impossível, totalmente impossível. E quanto ao fato de que os demônios às vezes dizem: "Sou a alma do monge tal"? Não acredito pelo mesmo motivo que leva os demônios a dizê-lo. Para enganar aqueles que os ouvem.

É por isso que Paulo os silenciou, embora estivessem dizendo a verdade, para que não se aproveitassem da ocasião e misturassem mentiras a ela, assim que se tornassem dignos de confiança. Pois quando diziam "Esses homens são servos do Deus Altíssimo que vos proclamam o caminho da salvação",[4] ele lutou com o espírito da adivinhação, rejeitou-o e ordenou que se retirasse. E afinal de contas, que mal ele havia dito? "Es-

---

4 At 16, 17.

A RIQUEZA E A POBREZA

ses homens são servos do Deus Altíssimo." Mas como muitas das pessoas mais simples nem sempre sabem como discriminar as palavras ditas pelos demônios, ele impediu que se acreditasse nelas. "Não tens honra, não tens o direito de falar. Cale-se, feche a boca. Não cabe a ti pregar. Este é um privilégio dos apóstolos. Por que usurpas um ministério que não te pertence? Cale-se. Perdeste a honra." Cristo também fez algo parecido. Quando os demônios lhe disseram "Sei quem tu és",[5] ele os repreendeu com grande veemência, ensinando-nos a nunca confiar num demônio, nem quando ele diz algo salutar. Aprendamos com essa lição a nunca confiar num demônio. Fujamos, afastemo-nos deles mesmo quando falam a verdade. É nas divinas Escrituras – e não na boca dos demônios – que podemos nos instruir com ensinamentos verdadeiros, salutares e confiáveis.

Para vos convencer de que não é possível que uma alma ao deixar o corpo se submeta à tirania dos demônios, ouçamos o que diz Paulo: "Quem morreu ficou livre do pecado",[6] ou melhor, não peca mais. Se o diabo não for capaz de aplicar força à alma enquanto reside no corpo, obviamente não será capaz de fazer o mes-

---

5 Mc 1, 24; Lc 4, 34.
6 Rom 6, 7.

SEGUNDO SERMÃO

mo na sua partida. "Então como as pessoas pecam", pergunta alguém, "se não são obrigados pela força?". Pecam de forma voluntária e intencional, entregando-se, não pela necessidade nem pela compulsão. Torna--se claro por todos aqueles que conseguiram vencer as maquinações do diabo. Por exemplo, ele não foi suficientemente forte para persuadir Jó a pronunciar uma única blasfêmia, apesar de grande provocação. É evidente que temos o poder para acreditar ou não nas sugestões do demônio e que não sofremos, de sua parte, nem necessidade, nem compulsão. Não é somente o que acabo de dizer, mas também a parábola que estudamos nos mostra com clareza que as almas separadas do corpo não se demoram por aqui, mas são levadas imediatamente. Ouvi: Cristo diz "Morreu e foi levado pelos anjos".[7] Após a morte, são levadas as almas dos justos e dos pecadores. É o que fica claro graças a outro homem rico. Pois quando a colheita foi abundante, ele disse a si mesmo: "O que hei de fazer? [...] Demolirei meus celeiros e construirei maiores."[8] Não há nada mais mesquinho do que essa atitude. Na verdade, ele demoliu os celeiros. Pois as barrigas dos

---

7   Lc 16, 22.
8   Lc 12, 17-18.

A RIQUEZA E A POBREZA

pobres são, na verdade, os celeiros à prova de toda pilhagem e não as paredes. Sem pensar nos pobres, ele se preocupava em construir paredes mais altas. O que Deus diz a ele? "Insensato! Nesta noite mesma, ser-te-á reclamada a alma." Reparai, ali consta que "foi levado por anjos" e aqui, "ser-te-á reclamada a alma". Os anjos conduzem o rico como um prisioneiro, enquanto Lázaro é carregado em triunfo. E Lázaro foi levado pelos anjos assim como o combatente na arena, muito ferido e salpicado de sangue, vestindo os louros da vitória, é saudado pelo público, acompanhado até sua casa sob aplausos, gritos e manifestações de admiração. Para o outro homem, porém, a alma foi reclamada por potências assustadoras, talvez enviadas apenas com tal propósito. Pois a alma não parte automaticamente para aquela outra vida; isso nem é possível. Se precisamos de um guia quando nos mudamos de uma cidade para a outra, necessidade bem maior de ser conduzida tem a alma que abandona a carne e é obrigada a se deslocar para a vida futura. Por isso, ela costuma ascender e afundar em direção ao abismo. Tem medo e estremece quando está prestes a deixar a carne. Pois a consciência de nossos pecados nos castiga, especialmente naquele momento em que estamos prestes a ser levados para examinar nossos

SEGUNDO SERMÃO

feitos diante do terrível tribunal. Então, se roubamos, se cobiçamos, se caluniamos, se odiamos alguém sem motivos, ou se cometemos outra má ação de qualquer tipo, todo aquele enxame de pecados é revivido, fica diante de nossos olhos para dilacerar nossa consciência. Aqueles que estão na prisão vivem na vergonha e na dor, especialmente no dia em que são conduzidos até a barra do juiz. Diante dos portões do tribunal, ao ouvir a voz que os julgará, eles ficam paralisados de medo, como se estivessem mortos. O mesmo ocorre com a alma: ela sente, é verdade, grande aflição e ansiedade no momento do pecado, mas o maior sofrimento vem quando ela está prestes a ser arrancada do corpo e a deixar este mundo.

Ouvis tudo isso em silêncio? Fico bem mais feliz com vosso silêncio do que com o aplauso, pois o aplauso e o louvor me tornam mais famoso, mas esse silêncio vos torna mais virtuoso. Sei que o que digo é doloroso, mas não posso dizer-vos como é imenso o benefício que existe nas minhas palavras. Se aquele homem rico tivesse alguém para lhe dar esse tipo de conselho em vez de bajuladores que sempre sugeriam o que ele queria ouvir, que o arrastavam para uma vida de opulência, ele não teria caído no inferno, nem se submetido a tormentos insuportáveis, nem se arrependido tarde demais para obter consolo. Mas como as conversas

A RIQUEZA E A POBREZA

eram somente para seu prazer, ele foi entregue ao fogo.
Desejo que possamos sempre abordar tais verdades e
falar sobre o inferno. Pois a Escritura diz: "Em tudo o
que fazes, lembra-te de teu fim e jamais pecarás."[9] E de
novo: "Organiza teu negócio lá fora e prepara-o no teu
campo."[10] Se tiverdes roubado algo, devolvei e dizei
como Zaqueu, "restituo-lhe o quádruplo."[11] Se tiverdes
defraudado alguém por meio de lisonjas ou odiado,
reconciliai-vos antes do julgamento. Resolvei tudo por
aqui para vos aproximar do tribunal sem pendências.
Enquanto estamos aqui, temos grandes esperanças. Ao
partir para aquele lugar, não temos mais a opção do
arrependimento, nem da purificação dos pecados. Por
esses motivos, é preciso estarmos prontos para nossa
partida. E se o Senhor desejar nos chamar esta noite?
Ou amanhã? O futuro é desconhecido para nos manter
sempre ativos na luta e preparados para partir, assim
como Lázaro, que permaneceu paciente e resignado,
e foi conduzido em triunfo. O rico também morreu e
foi enterrado, assim como sua alma jazia enterrada no
corpo, ele vestia a carne como a um túmulo. Pois ao
agrilhoar a carne à embriaguez e à gula, como se fossem
correntes, ele a tornou inútil e morta.

---

9   Eclo 7, 40.
10 Pr 24, 27.
11 Lc 19, 8.

SEGUNDO SERMÃO

Queridos irmãos, não passeis depressa demais por essas palavras "ele foi enterrado": com elas deveis compreender que as mesas cobertas de prata, os estofados, as tapeçarias, os ornamentos e tudo o que há no interior da casa, os óleos doces, os perfumes, a abundância de vinhos puros, a grande variedade de comida, os pratos fartos, cozinheiros, bajuladores, guarda-costas, criados e toda a ostentação, tudo desaparece e se esvai. Tudo é cinzas, tudo é pó e cinzas, choro e lamentação, pois ninguém pode socorrer nem trazer de volta a alma que partiu. O poder do ouro e da riqueza supérflua é testado. O rico foi retirado do meio de seus numerosos servos, nu e solitário, pois não pôde levar nada daquela abundância consigo. Foi embora sem companheiro ou guia. Nenhum daqueles que o servia, nenhum daqueles que o assistia foi capaz de salvá-lo da punição e do castigo. Afastado de todos os que o cercavam, ele foi conduzido sozinho para ser submetido a tormentos intoleráveis. Realmente "Toda carne é erva e toda a glória da humanidade, como flor do campo. Seca a erva e murcha a flor, mas a palavra de nosso Deus permanece para sempre."[12] A morte veio e extinguiu todos os prazeres. Tomou-o como cativo e conduziu-o, com a cabeça

---

12 Is 40, 6-8. Tradução livre a partir do texto em inglês da Bíblia Septuaginta.

A RIQUEZA E A POBREZA

baixa, gemendo de vergonha, sem conseguir falar, trêmulo, assustado, como tivesse desfrutado de toda aquela opulência num sonho. Por fim, o rico se tornou pedinte diante do pobre e implorou à mesa daquele que antes passara fome e fora exposto às línguas dos cães. A situação se inverteu e todos aprenderam quem era mesmo o rico e quem era mesmo o pobre. E souberam que Lázaro era o mais afluente de todos e que o outro era o mais pobre. Pois assim como os atores entram no palco com máscaras de reis, generais, médicos, professores e soldados, sem que sejam nada parecidos, assim também, na vida atual, a pobreza e a riqueza são apenas máscaras. Se estiverdes sentados no teatro e vedes um dos atores utilizando a máscara de um rei, não o chamaríeis de afortunado nem pensaríeis que ele é um rei, nem desejaríeis se tornar o que ele é. Como sabeis que, na verdade, ele é um negociante, talvez um fabricante de cordas, um latoeiro ou algo parecido, não o julgais afortunado pela máscara e a roupa, nem julgais sua classe social por elas, mas rejeitais a evidência, pois seus outros trajes são baratos. O mesmo se dá neste mundo, como num teatro observando os atores no palco. Quando verdes muitos ricos, não penseis que são verdadeiramente ricos, mas sim que estão usando as máscaras dos ricos. Assim como aquele homem

SEGUNDO SERMÃO

que interpreta o rei ou o general no palco costuma ser, na verdade, um criado ou alguém que vende figos ou uvas no mercado, o rico costuma ser o mais pobre de todos. Se retirardes a máscara, abrirdes a consciência e entrardes na mente, encontrareis uma grande pobreza de virtude: descobrireis que ele pertence à classe mais baixa de todas. Como no teatro, quando a noite cai e o público se vai, quando os reis e generais despem as fantasias usadas para seus papéis, eles se revelam a todos exatamente como são. Assim, quando a morte chega e o teatro se dissolve, todos tiram as máscaras de riqueza e de pobreza e partem para o outro mundo. Quando são julgados apenas por seus atos, alguns demonstram ser verdadeiramente abastados, outros, pobres; alguns são de alta classe, outros, desclassificados. Com frequência, um daqueles que é próspero nesta vida demonstra ser o mais pobre de todos na outra vida, como aquele homem rico. Pois quando as sombras o levaram, ou melhor, a morte, quando ele partiu do teatro da vida atual e guardou a máscara, viu-se que ele era o mais pobre de todos. Tão pobre que não tinha acesso a uma gota de água. Precisava mendigar e não obtinha o que precisava nem mendigando. O que poderia ser mais pobre do que essa pobreza. Ouvi: erguendo os olhos, ele disse a Abraão: "Pai Abraão, tem piedade de mim e manda

A RIQUEZA E A POBREZA

que Lázaro molhe a ponta do dedo para me refrescar a língua."[13] Vedes como é grande sua tribulação? Quando Lázaro estava por perto, o rico costumava ignorá-lo. Quando está distante, ele o chama. O homem a quem ele não enxergava ao entrar e sair, ele agora vê com clareza, na distância.

Por que ele o vê? O rico talvez dissesse no passado "Por que preciso da piedade e da virtude? Tudo flui para mim como se viesse de uma fonte e desfruto de grande abundância e de grande prosperidade. Não sofro nenhum infortúnio. Por que devo buscar a virtude? Este pobre homem leva uma vida de virtude e piedade. No entanto, sofre múltiplas aflições". Muitos expressam tais pensamentos ainda hoje. Portanto, para erradicar essas opiniões erradas, o Senhor mostra o castigo que aguarda o iníquo e a coroa de honra que premia os esforços dos piedosos. O rico não via Lázaro somente por esse motivo, mas também para sofrer num grau maior o que o homem pobre sofrera antes. Pois assim como o tormento do pobre se tornou mais severo por se encontrar diante do portão do rico, diante da prosperidade dos outros, a punição do rico se tornou mais severa por ele se encontrar no

---

13   Lc 16, 24.

SEGUNDO SERMÃO

inferno e constatar o conforto de Lázaro. Seu castigo se torna mais insuportável não apenas pela natureza dos tormentos, mas também pela comparação com a recompensa do outro. Do mesmo modo que Deus, ao expulsar Adão do paraíso, o instalou diante do jardim para que a visão constante pudesse renovar seu sofrimento e dar-lhe uma consciência mais clara de suas perdas, ele também instalou o rico diante de Lázaro para que ele pudesse ver os bens dos quais havia se privado. "Mandei o pobre Lázaro para teu portão, para ensinar-te a virtude e para receber teu amor. Ignoraste este benefício e recusaste tua ajuda para a salvação. De agora em diante, usarás Lázaro para aumentar teus suplícios e teus tormentos", diz ele.

Com o pobre, aprendemos que todos que sofrem ofensas e injustiças entre nós ficarão à nossa frente naquela outra vida. Lázaro, de fato, não *sofreu* injustiças do rico, pois o rico não tomou o dinheiro de Lázaro. Ele deixou de compartilhar uma parte do que tinha. Se ele é acusado por não ter compartilhado a própria riqueza, o que acontecerá com o homem que roubou os bens de outros ao ser cercado por aqueles a quem prejudicou? Naquele mundo, não há necessidade de testemunhas, acusadores, evidências ou provas. Os próprios atos aparecem diante de nossos olhos, como foram feitos.

A RIQUEZA E A POBREZA

"Aqui está o homem", diz o juiz, "e suas obras. Realmente também é roubo não compartilhar suas posses." Talvez essa declaração vos pareça surpreendente, mas não vos surpreendeis. Trarei a vós o testemunho das divinas Escrituras, dizendo que roubo não é apenas o desvio dos bens de terceiros. Deixar de compartilhar seus bens com outros é roubo, embuste e fraude. Que testemunho é esse? Ao acusar hebreus pela boca do profeta, Deus diz: "A terra trouxe seus frutos e não trouxestes o dízimo. O despojo tirado dos pobres está em vossa casa."[14] Como não haveis entregado as devidas oferendas, diz ele, haveis roubado os bens dos pobres. Ele diz isso para mostrar aos ricos que eles guardam os bens dos pobres mesmo se foram herdados dos pais ou adquiridos de qualquer outra forma. Também está escrito: "Não recuses ao pobre a subsistência."[15] Recusar a subsistência é tirar o que pertence aos outros. Assim, aprendemos que quando não demonstramos piedade, seremos punidos exatamente como aqueles que roubam. Nosso dinheiro pertence ao Senhor, independentemente da forma como

---

14 Ml 3, 10. Tradução livre a partir do texto em inglês da Bíblia Septuaginta.
15 Eclo 4, 1.

SEGUNDO SERMÃO

o ganhamos. Se acorremos aos que necessitam, obteremos grande abundância. É por isso que Deus permitiu a vós ter mais: não foi apenas para ser desperdiçado em prostitutas, bebida, comida, roupas caras e todos os outros gêneros de indolência, mas sim para ser distribuído a quem necessita. Assim como um servidor público do tesouro imperial que recebeu ordens de distribuir a prata real e que usa tais recursos para seu próprio desfrute pagará o preço e será condenado à morte, o homem rico é uma espécie de intendente do dinheiro que deve ser distribuído aos pobres. Ele recebe ordens de distribuí-lo para os indigentes que são, como ele, servidores do Senhor. Assim, se ele gasta mais consigo do que suas necessidades, ele pagará o preço mais alto depois. Pois seus bens não são seus, mas pertencem aos outros servidores de Deus.

Utilizemos, portanto, nossos bens com moderação, como se pertencessem aos outros, se quisermos que se tornem nossos. Mas como os utilizamos com moderação, como se pertencessem aos outros? Quando não gastamos além das nossas necessidades e não gastamos apenas com nossas necessidades, mas doamos partes iguais nas mãos dos pobres. Se sois abastados, mas gastais mais do que necessitais, prestareis contas dos fundos a vós confiados. Isso também acontece em

A RIQUEZA E A POBREZA

grandes residências. Muitos confiaram os assuntos financeiros a seus servos domésticos. Aqueles que receberam tal confiança guardam o que lhes foi entregue e não fazem mal uso do dinheiro. Distribuem exatamente como ordena o mestre. Deveis fazer o mesmo. Pois obtivestes mais do que outros e recebestes o que têm não apenas para gastar com vós, mas também para se tornar um bom intendente para os outros.

Vale também indagar por que o homem rico não vê Lázaro com nenhum outro homem virtuoso, mas sim no seio de Abraão. Abraão era hospitaleiro. O rico vê Lázaro com Abraão para que Lázaro também o condene pela falta de hospitalidade. Pois aquele patriarca procurava os viajantes e os recebia em sua própria casa enquanto o rico ignorou aquele que jazia diante de seus portões. Embora contasse com tal tesouro e auxílio para sua salvação, ele passava por Lázaro todos os dias e, em sua indigência, o homem rico deixou de recorrer à ajuda do homem pobre. Mas o patriarca não era assim, muito pelo contrário: sentado diante da porta ele era como um pescador que lança a rede ao mar, recolhendo todos os que passavam. Ao lançar sua rede ao mar, ele nem sempre pegava peixes, mas com frequência encontrava ouro e pérolas. Assim, o patriarca, ao pescar homens, encontrou também anjos, sem saber (a parte notável). Paulo, em seu assombro

SEGUNDO SERMÃO

diante disso, o louva e diz: "Não vos esqueçais da hospitalidade porque, graças a ela, alguns, sem saber, acolheram anjos."[16] Se soubesse o que estava fazendo ao acolhê-los com tão boa vontade, ele não teria feito nada de notável ou maravilhoso. Todo o louvor se deve ao fato de ter feito a eles um convite com todo entusiasmo, apesar de desconhecer quem eram os viajantes, achando que eram simples humanos. Vós também, ao receberdes alguém célebre e distinto, não fazeis nada de notável ao demonstrar vivo entusiasmo, pois o mérito do hóspede costuma obrigar até os menos hospitaleiros a demonstrar boa vontade. No entanto, é um gesto digno e notável quando recebemos com abundante caridade qualquer um que esteja de passagem, mesmo os párias e os indignos. Por este motivo Cristo disse, ao acolher aqueles que agiram assim: "Cada vez que o fizestes a um desses meus irmãos mais pequeninos, a mim o fizestes."[17] Também disse: "Assim também não é da vontade de vosso Pai, que está nos céus, que um destes pequeninos se perca."[18] E voltou a dizer: "Caso alguém escandalize um destes pequeninos que creem em mim, melhor seria que lhe pendurassem ao pescoço

---

16 Hb 13, 2.
17 Mt 25, 40.
18 Mt 18, 14.

A RIQUEZA E A POBREZA

uma pesada mó e fosse precipitado nas profundezas do mar."[19] Em toda parte, Cristo tem muito a dizer sobre os pequeninos e insignificantes.

Abraão também tinha esse conhecimento e não interrogava os passantes para saber quem eram ou de onde vinham, como fazemos agora. Abraão simplesmente acolhia a todos. Pois se desejais manifestar bondade, não deveis exigir um relato da vida do indivíduo, mas apenas remediar sua miséria e satisfazer suas necessidades. O homem pobre tem um pleito, sua carência e seu comportamento na hora da necessidade: não exija mais nada dele. Mesmo se for o mais iníquo dos homens que se encontra sem seu necessário sustento, libertemo-lo da fome. Cristo também nos ordenou a fazer o mesmo ao dizer "Desse modo vos tornareis filhos de vosso Pai que está nos Céus porque Ele fez nascer o sol igualmente sobre os maus e os bons e cair a chuva sobre os justos e os injustos."[20] O doador de esmolas é um porto para aqueles na hora da necessidade, um porto que recebe todos que sofreram naufrágio e os liberta do perigo, conduzindo-os a seu próprio abrigo. Do mesmo modo, ao encontrar na terra o homem que sofreu o naufrágio da pobreza,

---

19 Mt 18, 6.
20 Mt 5, 45.

SEGUNDO SERMÃO

não o julgueis, não buscais um relato de sua vida, mas libertai-o do infortúnio. Por que criar problemas para vós? Deus vos dispensou de toda intromissão e bisbilhotice. Como nos queixaríamos se Deus nos exigisse primeiro um exame minucioso da vida de cada um, uma intervenção em seu comportamento e em seus atos, para só então dar esmolas aos necessitados? Mas estamos livres de todo esse tipo de amolação. Por que então nos atribuímos preocupações excessivas? Um juiz é uma coisa, um benfeitor é outra. A caridade recebe este nome porque é praticada mesmo com os indignos. Paulo também nos aconselha a fazer o mesmo ao dizer: "Não desanimemos na prática do bem [...] para com todos, mas sobretudo para com os irmãos na fé."[21] Se nos intrometermos e interferimos junto aos indignos, nem mesmo os dignos estarão dispostos a nos seguir. Porém, se cuidarmos também dos indignos, sem dúvida, tanto os dignos quanto aqueles que valem por todos juntos virão até nós. É o que aconteceu com o abençoado Abraão, que foi capaz de receber anjos, pois não se intrometia nem interferia com aqueles que passavam. Vamos imitá-lo, assim como a seu descendente Jó. Pois ele também imitou a generosidade de seu ancestral, dizendo: "Abri sempre

---

21 Gl 6, 9-10.

minha porta ao viandante."[22] Não estava aberta para um e fechada para outro. Encontrava-se simplesmente destrancada para todos.

Façamos o mesmo, eu vos imploro, sem mais questionamentos do que o necessário. O valor do homem pobre está apenas na sua necessidade. Se alguém se aproximar de nós nessas condições, não nos intrometamos mais. Não cuidamos dos modos, mas sim do homem. Demonstramos piedade dele não por sua virtude, mas por causa de seu infortúnio, para que nós mesmos possamos receber a grande misericórdia do Pai, para que – indignos como somos – possamos desfrutar de sua filantropia. Pois se fôssemos investigar o valor de nossos companheiros servos e fazer indagações, Deus fará o mesmo conosco. Se exigimos um relato de nossos companheiros servos, nós mesmos perderemos a filantropia do alto. "Pois com o julgamento que julgais serás julgado",[23] diz ele.

Voltemos para o nosso tema. Ao ver Lázaro no seio de Abraão, o rico diz: "Pai Abraão, tem piedade de mim e manda Lázaro."[24] Por que não dirigiu suas palavras para Lázaro? Ao que me parece, ele corou e

---

22 Jó 31, 32.
23 Mt 7, 2.
24 Lc 16, 24.

SEGUNDO SERMÃO

se envergonhou do que se passara, certo de que Lázaro guardaria mágoas. "Se eu, ao desfrutar de tamanha afluência ignorava o homem que passava por tais aflições e não dividia com ele nem as migalhas, então ele, que foi ignorado, jamais assentirá em conceder o favor." Não dizemos isso para acusar Lázaro, que, sem dúvida, não teve tal atitude – longe disso. Mas dizemos que o homem rico não se dirigiu a ele, pois temia ouvir tais palavras, e ele chamou Abraão, que ignorava o que havia se passado (era o que ele imaginava). Pediu aquele dedo que ele costumara deixar ser lambido pelos cães.

O que Abraão diz? "Filho, lembra-te que recebeste teus bens durante tua vida."[25] Vede a sabedoria e a bondade do homem virtuoso. Ele não disse: "Homem desumano, cruel, iníquo, depois de tratar tão mal aquele homem, lembra-te da caridade, da piedade e do perdão? Não ruborizas? Não te envergonhas?" Em vez disso, o que ele diz: "Filho, lembra-te que recebeste teus bens durante tua vida." "Não agites mais um coração exasperado",[26] é o que está escrito. O castigo já basta. Não é preciso pisoteá-lo por seus infortúnios. Além do mais, para que o homem rico

---

25 Lc 16, 25.
26 Eclo 4. 3.

A RIQUEZA E A POBREZA

não imaginasse que, por malícia, ele estava impedindo Lázaro de encontrá-lo, Abraão o chamou de "filho", quase se desculpando ao usar esse tratamento. "Não está em meu poder concedê-lo", diz ele. "Não podemos mais ir de lá para cá." "Recebeste teus bens durante tua vida." Por que não disse simplesmente "tiveste teus bens" e sim "recebeste teus bens"? Vejo um oceano de ideias se abrindo diante de nós.

Portanto, vamos guardar com cuidado tudo o que foi dito, agora e anteriormente, e manter em segurança. Preparai-vos melhor pelo que foi dito para ouvir o que será dito. Se possível, lembrai-vos de tudo o que eu disse. Se não puderdes vos lembrar de tudo, em vez de tudo, eu vos imploro, jamais esqueçais de que não compartilhar riquezas com os pobres é roubar os pobres e privá-los de seus meios de subsistência. Os bens que detemos não são apenas nossos, mas deles também. Se tivermos essa atitude, com certeza ofereceremos nosso dinheiro, e ao alimentar o Cristo na pobreza e amealhar grandes proveitos para a vida futura, seremos capazes de obter os bens que virão pela obra e graça de Nosso Senhor Jesus Cristo (de quem é a glória, a honra e o poder), do Pai e do Espírito Santo, agora e para sempre, pelos séculos dos séculos.

Amém.

TERCEIRO SERMÃO

Sobre Lázaro; a importância da leitura das escrituras. Por que não se diz "tiveste teus bens" mas sim "recebeste teus bens" – por que os justos costumam passar por dificuldades quando os iníquos são poupados

A parábola de Lázaro trouxe extraordinários benefícios tanto para os ricos quanto para os pobres. A uns, ela ensinou a suportar com mais tranquilidade o fardo da miséria. A outros, mostrou por que não devem se orgulhar de suas riquezas. Ensinou-nos pelo exemplo que o indivíduo mais lastimável de todos é aquele que vive na opulência, sem dividir com ninguém os bens que possui. Por isso hoje vamos voltar ao mesmo tema. Aqueles que buscam metais preciosos, ao constatar que existem muitos veios de ouro, continuam a cavar no mesmo lugar com perseverança e não desistem até extrair tudo o que podem encontrar. Voltemos então ao ponto onde deixamos nosso pronunciamento anterior para retomá-lo. Eu poderia ter explicado a pa-

A RIQUEZA E A POBREZA

rábola inteira num único dia, mas minha preocupação não era dizer muito e então vos deixar, mas garantir que vós recebeis e guardeis minhas palavras de forma acurada para ganhar desse esforço de retenção alguma percepção que renda proveitos espirituais. Uma mãe amorosa que está prestes a introduzir alimentos sólidos à dieta de seu bebê não realizará seu objetivo se servir vinho puro na sua boca de uma vez. O bebê rejeita o que recebe e suja a camisa.[1] Mas se ela servir o vinho com delicadeza, gota a gota, o pequeno absorve sem dificuldades. Do mesmo modo, para evitar que rejeiteis o recebido, não entornei de uma só vez o cálice da instrução. Eu o dividi em vários dias, fornecendo um intervalo no trabalho de ouvir, para que o que for apresentado permaneça com firmeza na compreensão de vosso amor e para que possais receber o que vou dizer a seguir com alma repousada e vigorosa.

Por este motivo, também costumo dizer-vos com muitos dias de antecedência o tema que vou apresentar, para que peguem o livro, examinem o trecho inteiro, aprendam o que está dito e o que faltou dizer, para que vossas compreensões estejam prontas para aprender o que direi depois.

---

1 Homero, *Ilíada* 9-491.

TERCEIRO SERMÃO

Sempre vos rogo, e não deixarei de rogar, que presteis atenção ao que digo não apenas aqui, mas que, de volta a vossos lares, persevereis na leitura das divinas Escrituras. Nunca deixei de dar o mesmo conselho a todos aqueles de vós com que tive encontros em particular. Que ninguém me diga aquelas palavras fúteis, dignas de pesada condenação: "Não posso deixar o tribunal. Administro o negócio da cidade. Pratico um ofício. Tenho esposa. Estou criando meus filhos. Sou um chefe de família. Sou um homem do mundo. A leitura das Escrituras não é para mim e sim para aqueles que se retiraram, que se instalaram no topo das montanhas, que mantêm este estilo de vida continuamente." O que dizes, homem? Que não é possível observar as Escrituras por estar cercado por mil preocupações? Pelo contrário, é mais importante para ti do que para eles. Não precisam da ajuda das divinas Escrituras tanto quanto aqueles envolvidos num turbilhão de ocupações. Libertados do clamor do mercado, os monges que instalam suas cabanas no deserto, que não possuem nada em comum com ninguém, mas praticam a sabedoria sem medo na calma daquela vida pacífica, no abrigo do cais, eles desfrutam de grande segurança. Nós, porém, como se nos debatêssemos no meio do mar, à deriva de múltiplos

A RIQUEZA E A POBREZA

pecados, necessitamos sempre da ajuda incessante e contínua das Escrituras. Eles se encontram distantes da batalha e por isso não recebem muitas feridas. Vós, porém, vos encontrais na linha de frente, recebendo golpes contínuos. Necessitais, pois, de mais remédios. As esposas vos provocam, por exemplo, o filho vos entristece, os criados vos enfurecem, os inimigos tramam contra vós, o amigo vos inveja, o vizinho vos amaldiçoa, o companheiro de armas vos faz tropeçar, questões jurídicas vos ameaçam, a pobreza vos preocupa, a perda de propriedades vos agrava, a prosperidade vos infla, o infortúnio vos deprime e muitas causas e compulsões para o desencorajamento e a dor, para a arrogância e o desespero nos cercam por todos os lados enquanto múltiplos projéteis caem por toda parte. Portanto, temos uma necessidade contínua da armadura completa das Escrituras. Reconheçais, pois, está escrito que vós caminhareis entre laços e avançareis sobre as muralhas.[2] Por exemplo, os desígnios da carne atacam com maior ferocidade aqueles que se encontram no mundo. Um rosto belo, um corpo esplêndido nos atingem por meio dos olhos. Uma expressão vergonhosa que penetra em nossos ouvi-

---

2 Eclo 9, 20.

TERCEIRO SERMÃO

dos perturba a mente. E com frequência uma canção complacente enfraquece o vigor de nossas almas. Mas por que digo isso? Aquele que parece o menor de todos os ataques, mesmo o cheiro dos doces perfumes da multidão espalhafatosa com quem nos encontramos, atacando nossos sentidos, nos extasia, e esse evento fortuito nos torna prisioneiros.

E há muitas coisas semelhantes que assediam nossas almas: precisamos dos remédios divinos para curar as feridas que recebemos e para nos proteger daquelas que ainda não recebemos, mas que receberemos. Devemos extinguir completamente os dardos do diabo e desviá-los pela leitura assídua das Escrituras divinas. Pois é impossível, é totalmente impossível que alguém seja salvo sem a constante leitura espiritual. Na realidade, devemos ficar satisfeitos, pois mesmo com o uso regular desta terapia, mal temos condições de nos salvar. Mas quando somos atingidos todos os dias, se não tivermos assistência médica, que esperança teremos de nos salvar?

Não percebeis que aqueles que trabalham o metal, o ouro, a prata ou em qualquer ofício, preservam com cuidado os instrumentos de sua arte? Ao se verem afligidos pela fome ou pela pobreza, eles preferem suportar qualquer coisa a vender, em nome da sobrevivência,

A RIQUEZA E A POBREZA

qualquer uma das ferramentas que usam. Com frequência, muitos preferem pedir dinheiro emprestado para manter sua casa e sua família a se separar do menor dos instrumentos de seu ofício. Fazem isso pelo melhor dos motivos, pois sabem que, quando essas ferramentas são vendidas, toda sua habilidade se torna inútil e toda a base de seu ganha-pão se esgota. Se forem poupadas, elas poderão, perseverando no exercício de sua habilidade, saldar suas dívidas a tempo. Mas se eles, nesse ínterim, permitirem que as ferramentas sejam entregues a outros, não haverá, para o futuro, nenhum meio pelo qual eles possam conseguir o alívio da fome e da pobreza. Também devemos compartilhar do mesmo julgamento. Assim como os instrumentos de seus ofícios são o martelo, a bigorna e a pinça, os instrumentos de nosso trabalho são os livros apostólicos e proféticos e todas as Escrituras inspiradas e proveitosas. E à medida que, por meio de seus instrumentos, eles moldam todos os artigos que pegam nas mãos, também nós, por meio de nossos instrumentos, armamos nossa mente e a fortalecemos quando relaxada, e a renovamos quando combalida. Mais uma vez, os artistas exibem sua habilidade em belas formas, sendo incapazes de mudar o material de suas produções, ou de transmutar prata em ouro, mas

TERCEIRO SERMÃO

apenas tornar suas figuras simétricas. Mas não é assim com vós, pois tendes um poder a mais – ao receber um recipiente de madeira, podeis transformá-lo em ouro. E disso São Paulo é testemunha, ao dizer: "Numa grande casa não há somente vasos de ouro e de prata; há também de madeira e de barro. [...] Aquele pois que se purificar destes erros será vaso nobre, útil a seu possuidor e preparado para toda boa obra." Não negligenciemos, pois, a posse dos livros sagrados, para que não recebamos nenhum dano fatal. Não acumulemos ouro, mas juntemos como nossos tesouros esses livros inspirados. Pois o ouro, sempre que se torna abundante, causa problemas a seus donos; mas esses livros, quando cuidadosamente preservados, proporcionam grande benefício àqueles que os possuem. Como também ocorre onde as armas reais são armazenadas, embora ninguém deva usá-las, elas proporcionam grande segurança para aqueles que moram lá, visto que nem ladrões, nem arrombadores, nem quaisquer outros malfeitores ousam atacar aquele lugar. Da mesma forma, onde existem livros inspirados, toda a influência satânica é banida e o grande consolo dos princípios corretos vem para aqueles que lá vivem. Sim, mesmo a simples visão desses livros por si só nos torna mais lentos a cometer a iniquidade. Mesmo se

A RIQUEZA E A POBREZA

tentarmos qualquer coisa proibida e nos tornarmos impuros, ao voltar para casa e vermos esses livros, nossa consciência nos acusa com mais intensidade e nos tornamos menos propensos a incorrer de novo nos mesmos pecados. Se tivermos nos mantido firmes em nossa integridade, obteremos mais benefícios (se estivermos familiarizados com a palavra) pois, assim que alguém encontra o evangelho, um simples olhar retifica seu entendimento e deixa suas preocupações mundanas. E se uma leitura cuidadosa também se segue, a alma, como se iniciada nos mistérios sagrados, é assim purificada e aprimorada, enquanto mantém uma conversa com Deus por meio das Escrituras.

"E se não compreendermos as coisas que lemos?", dizem. Mesmo sem entender o conteúdo, vossa santificação em alto grau resulta dele. No entanto, é impossível que todas essas coisas sejam igualmente mal compreendidas, pois foi por esta razão que a graça do Espírito Santo ordenou que coletores de impostos, pescadores, fabricantes de tendas, pastores de cabras e homens sem instrução e iletrados compusessem esses livros, para que nenhum homem pouco instruído pudesse usar isso como pretexto. A fim de que as coisas entregues sejam facilmente compreendidas por todos – a fim de que o artesão, o doméstico, a viúva

TERCEIRO SERMÃO

e, sim, o mais iletrado de todos os homens –, tirem proveito e sejam beneficiados pela leitura. Pois não foi para vangloriarem-se, como homens do mundo, mas para a salvação dos ouvintes, que os autores desses escritos, desde o princípio, foram revestidos pelo dom do Espírito Santo.

Para aqueles desprovidos de tal dom – filósofos, retóricos e analistas, que não se esforçam pelo bem comum, mas têm como objetivo a própria fama –, se eles disseram algo útil, mesmo isso eles envolveram em sua obscuridade habitual, como numa nuvem. Mas os apóstolos e os profetas sempre fizeram exatamente o oposto. Como os instrutores comuns do mundo, eles deixaram bem claro tudo o que transmitiram a todos os homens, a fim de que cada um, mesmo sem ajuda, pudesse aprender pela mera leitura. Assim também falou o profeta, quando disse: "Todos os seus filhos serão discípulos de Javé".[3] "Eles não terão mais que instruir a seu próximo ou seu irmão dizendo: 'Conhecei Javé!', porque todos me conhecerão, dos menores ao maiores".[4] São Paulo também diz: "Eu mesmo quando fui ter convosco, irmãos, não me apresentei

---

3 Is 54, 13
4 Jr 31, 34

com o prestígio da palavra ou da sabedoria para vos anunciar o mistério de Deus."[5] Em seguida: "Minha palavra e minha pregação nada tinham da persuasiva linguagem da sabedoria, mas eram uma demonstração de Espírito e poder."[6] E novamente, "É realmente de sabedoria que falamos [...] mas não da sabedoria deste mundo nem dos príncipes deste mundo, votados à destruição".[7] Para quem não está claro o evangelho? Quem ouve "bem-aventurados os humildes; bem-aventurados os piedosos; bem-aventurados os puros de coração" e coisas assim e precisa de um professor para compreender o que foi dito?

Mas (podeis perguntar) as partes que contêm os sinais, maravilhas e histórias também são claras e evidentes para todos? Isso é um fingimento, uma desculpa e um mero manto de ociosidade. Não entendestes o conteúdo do livro? Mas como podeis entender, se nem mesmo estais dispostos a olhar com atenção? Pegai o livro em vossas mãos. Lede toda a história e, retendo em vossas mentes as partes fáceis, examinai com frequência as partes duvidosas e obscuras. Se não conseguirdes, pela leitura frequente, entender o

---

5 1Co 2, 1.
6 1Co 2, 4.
7 1Co 2, 6.

TERCEIRO SERMÃO

que é dito, ide para alguém mais sábio. Entregai-vos a um professor; conversai com ele sobre as coisas ditas. Mostrai grande desejo de aprender: então, ao ver que empregais tal diligência, Deus não irá desconsiderar vossa perseverança e cuidado, mas se nenhum ser humano vos pode ensinar o que buscais, Ele mesmo revelará o todo.

Lembrai-vos do eunuco da rainha da Etiópia. Sendo um homem de uma nação bárbara, ocupado com numerosas tarefas e rodeado por todos os lados por múltiplos negócios, ele era incapaz de entender o que lia. Mesmo assim, enquanto se sentava na carruagem, ele lia. Se ele demonstrou tanta diligência numa viagem, pensai como deve ter sido diligente em casa: se enquanto estava na estrada não deixou passar uma oportunidade de ler, muito mais deve ter sido o caso quando estava sentado em casa. Se quando ele não entendia totalmente as coisas que lia, ele não cessava a leitura, muito mais ele não cessaria quando fosse capaz de entender. Para mostrar que não entendia as coisas que lia, ouve o que Filipe lhe disse: "Entendes o que lês?".[8] Ao ouvir esta pergunta, ele não se sentiu provocado nem envergonhado, mas confessou sua

---

8 At 8, 30.

ignorância e disse: "Como o poderia, sem ninguém me explicar?".[9] Como estava lendo mesmo quando não contava com alguém para guiá-lo por isso, rapidamente recebeu um instrutor. Deus conhecia sua disposição, reconheceu seu zelo e enviou-lhe um mestre.

Dizei, porém, que Filipe não está mais presente entre nós. Mesmo assim, o Espírito que moveu Filipe está presente. Amados irmãos, não negligenciemos nossa própria salvação! "Estas coisas lhes aconteceram para servir de exemplo e foram escritas para nossa instrução, nós que fomos atingidos pelo fim dos tempos."[10]

A leitura das Escrituras é uma poderosa proteção contra o pecado. A ignorância das Escrituras é um imenso penhasco e um abismo profundo. Não saber nada das leis divinas é perder para sempre a esperança de salvação. Dessa ignorância nasceram heresias, introduziu-se a corrupção do comportamento, tudo se transtornou. Pois é impossível, totalmente impossível, que alguém deixe de encontrar proveito na leitura atenta e assídua. Vede quanto uma única parábola nos ajudou! Como foi capaz de aprimorar nossas almas! Estou bem certo de que muitos partiram tirando

---

9   At 8, 31.
10   1Co 10, 11.

TERCEIRO SERMÃO

proveito duradouro do que ouviram. No entanto, se alguns ainda não recolheram os frutos, com toda certeza se tornaram melhores por conta do dia em que ouviram aquelas palavras. Não é pouca coisa passar um dia em contrição pelos pecados, a contemplar a filosofia celeste e fornecer para a alma pelo menos algum repouso das preocupações mundanas. Se fizermos isso a cada serviço, sem falta, se perseverarmos, ao ouvir a palavra divina com constância, receberemos uma bela recompensa.

Deixei-me então explicar-vos a parte seguinte da parábola. Qual é a parte seguinte? Quando o homem rico diz: "Manda que Lázaro molhe a ponta do dedo para me refrescar a língua", ouçamos o que Abraão tem a dizer: "Filho, lembra-te que recebeste teus bens que te cabiam durante tua vida, e Lázaro, por sua vez, os males; agora, porém, ele encontra aqui consolo e tu és atormentado. E além do mais, entre nós e vós existe um grande abismo, a fim de que aqueles que quiserem passar daqui para junto de vós não o possam, nem tampouco atravessem de lá até nós."[11] Essas palavras são difíceis de suportar e nos provocam grande tormento. Sei bem. Mas quanto mais dói a

---

11 Lc 16, 24-26.

A RIQUEZA E A POBREZA

consciência, mais ela ajuda a compreensão daqueles que estão feridos. Pois se Abraão estivesse nos dizendo isso na vida eterna, como acontece com o rico, nós nos lamentaríamos, gemeríamos e choraríamos, pois nos faltaria o tempo para o arrependimento. Mas como ouvimos suas palavras enquanto ainda estamos nesta vida, onde é possível recuperar a sobriedade, purificar-nos de nossos pecados, obter confiança e nos transformar por medo dos males que aconteceram a outros, agradeçamos a Deus, que ama a humanidade, que nos desperta da preguiça graças ao castigo dos outros e que nos tira do sono. Cristo nos diz isso de antemão por este motivo, para evitar que soframos o mesmo castigo. Pois se desejasse nos punir, não teria nos avisado. Mas como não deseja nos sujeitar ao castigo, por esse exato motivo ele nos avisa: para que possamos aprender com suas palavras e escapar do julgamento dos atos.

Mas por que Abraão não diz "tiveste teus bens", mas sim "recebeste teus bens?" Lembrais-vos, eu sei, de que disse que um vasto oceano de ideias se abria? A segunda frase revela uma espécie de obrigação, pois a pessoa recebe aquilo que a ela é devido. Assim, se o homem rico era vil e repugnante, cruel e desumano, por que Abraão não disse a ele "Tiveste teus bens" e

TERCEIRO SERMÃO

sim "Recebeste teus bens", como se fossem devidos a
ele? O que aprendemos com isso? Que mesmo aqueles que são vis e que alcançam extremos de maldade
costumam fazer uma, duas ou três boas ações. Está
claro na Escritura que não estou apenas supondo o
que digo. Pois o que existe de mais vil do que a in-
justiça de um juiz injusto? O que é mais desumano?
O que é mais ímpio? Esse homem não sentia nem o
temor a Deus, nem respeito aos homens. No entanto,
apesar de viver em tamanha iniquidade, ele fez um
gesto nobre ao demonstrar piedade à viúva que o
importunava constantemente, concedendo-lhe o que
pedia e perseguindo seus adversários.[12] Pode ocorrer
que o indivíduo seja libertino, mas pratique a piedade.
Ou desumano, mas comedido. Mesmo se for cruel e
libertino, ainda pode ter feito algum bem na vida.
Devemos desconfiar do mesmo com os bons. Assim
como os mais indignos com frequência já fizeram algo
de bom, aqueles que são cuidadosos e virtuosos com
frequência falham em algum aspecto. Está escrito:
"Quem pode dizer 'purifiquei meu coração, do me
pecado estou puro?'"[13]

---

12 Lc 18, 2-4.
13 Pv 20, 9.

A RIQUEZA E A POBREZA

Como é provável que mesmo alcançando o extremo da perversidade, o rico ainda tivesse praticado algum bem e que mesmo Lázaro, no pico da virtude, ainda tivesse cometido algum pequeno pecado, ouvi o que sugere o patriarca: "Recebeste teus bens durante tua vida, e Lázaro, por sua vez, os males." O que ele está dizendo é o seguinte: mesmo se haveis praticado algum bem e a recompensa vos é devida, recebestes tudo naquele mundo, levando uma vida de prazeres e riqueza, desfrutando de grande prosperidade e boa sorte. Se este homem fez algo de ruim, ele recebeu o que lhe era devido, sofrendo com a pobreza, a fome e o extremo infortúnio. Cada um chega aqui despojado. Ele está despojado de pecados, mas vós, de atos virtuosos. Por esse motivo, ele recebe puro consolo e vós suportais castigos eternos.

Pois quando nossas boas ações são pequenas e li-
 as, mas o peso de nossos pecados é indizivelmente
e, se nesta vida desfrutamos de prosperidade e
remos infortúnios, com certeza partiremos
mente destituídos de todo o direito a coisas
ecebemos o que nos é devido. Do mesmo
do nossas boas ações são numerosas e
ossos pecados são pequenos e ligeiros,
rtúnios, nos livramos mesmo daque-

TERCEIRO SERMÃO

les pequenos pecados nesta vida e na próxima receberemos nossa parte, a pura recompensa pelas boas ações. Portanto, ao ver alguém que vive na iniquidade, sem sofrer infortúnios nesta vida, não o chameis de afortunado, mas derramai lágrimas e lamentai-vos, pois ele terá de suportar todos os infortúnios na próxima vida, como aconteceu com o homem rico. Por outro lado, ao ver alguém que cultiva a virtude, mas suporta uma infinidade de atribulações, chamai-o de afortunado, invejai-o pois todos os seus pecados serão dissolvidos nesta vida e uma grande recompensa está sendo preparada para a próxima, como aconteceu com Lázaro.

Alguns são punidos somente nesta vida. Outros não sofrem qualquer infortúnio, mas recebem a retribuição devida na próxima. Outros ainda são punidos aqui e lá. Quais dessas três condições julgais ser a mais afortunada? Em primeiro lugar, tenho certeza de que são aqueles que recebem o castigo aqui e que pagam seus pecados. Em segundo lugar, o que dizeis? Qual seria o grupo mais afortunado? Pensais talvez que sejam aqueles que não sofrem nada aqui, mas suportam todos os castigos no futuro, porém, discordo. Em segundo lugar, vêm aqueles que recebem o castigo aqui e no futuro. Pois quem sofre alguma penalidade aqui rece-

A RIQUEZA E A POBREZA

berá um castigo mais leve no futuro. Mas aquele que é obrigado a suportar todo o castigo no futuro terá um julgamento impiedoso, assim como aquele homem rico, pois ele não pagou por seus pecados nesta vida e foi punido com tanta severidade que não podia aliviar sua sede com uma única gota de água. Mais do que aqueles que pecam, mas não sofrem infortúnios nesta vida, sinto pena daqueles que além de não sofrerem punições por aqui também desfrutam da opulência e da fartura. Pois ao deixar de pagar pelos pecados nesta vida, um castigo mais severo os aguarda depois. Assim, desfrutar de abundância, luxo e afluência se torna uma fonte de maiores castigos. Quando nós, os pecadores, recebemos honras de Deus, este mesmo fato pode nos lançar mais fundo nas chamas. Se aquele que desfruta apenas da bondade divina não faz bom proveito, ele terá uma retribuição bem mais severa. Se recebeu as maiores honras junto com outros sinais da bondade divina e persiste na iniquidade, quem poderá resgatá-lo dos tormentos que o aguardam? Como testemunho que demonstra que aqueles que desfrutam da bondade divina aqui recolherão todo o mal para a vida futura, sem a conversão, ouçais o que diz Paulo: "Ou pensas tu, ó homem, que julgas os que tais ações praticam e tu mesmo as pratica, que

TERCEIRO SERMÃO

escaparás do julgamento de Deus? Ou desprezas a riqueza da sua bondade, paciência e longanimidade, desconhecendo que a benignidade de Deus te convida à conversão? Ora, com tua obstinação e com teu coração impenitente, acumulas contra ti um monte de ira, no dia da ira em que se revelará o justo julgamento de Deus."[14] Assim, quando vemos aqueles que vivem na riqueza e na opulência, perfumados, passando o dia na embriaguez, donos de grande poder e honrarias, de grande prestígio e celebridade, mas ao mesmo tempo pecando sem sofrer infortúnios, por essa mesma razão choramos e nos lamentamos por eles, pois não são punidos por seus pecados. Assim como se verdes alguém doente com hidropisia ou problemas do baço, ou com úlcera pútrida e numerosas feridas por todo o corpo, e apesar de tudo inebriando-se, permitindo-se todos os excessos e agravando sua doença, admireis sua existência e considerei-o feliz por conta de sua vida de luxos? Não! Por esse exato motivo, senti pena dele. Deveis pensar do mesmo modo em relação à alma. Quando verdes alguém vivendo na iniquidade e desfrutando de grande prosperidade sem sofrer infortúnio, deveis lamentar particularmente por este

---

14 Rom 2, 3-5.

motivo, pois embora sofra de uma doença muito séria, ele a agrava ao se permitir o luxo e os excessos. Pois o castigo não é em si um mal, mas o mal verdadeiro é o pecado. O último nos separa de Deus, mas o primeiro nos conduz para Ele e dissolve sua ira. Como sabemos? Ouvi o que o profeta diz: "Consolai, consolai meu povo [...] falai ao coração de Jerusalém [...] que ela recebeu de Javé paga dobrada por todos os seus pecados."[15] Em outro trecho, ele diz: "Javé, tu nos asseguras a paz; na verdade todas as nossas obras, tu as realizas para nós."[16] E para aprender que alguns são punidos aqui e outros lá e que há aqueles que são punidos aqui e lá, ouvi o que diz Paulo, ao acusar aqueles que participam dos Mistérios embora não sejam dignos: "Eis por que todo aquele que comer do pão ou beber do cálice do Senhor indignamente, será réu do corpo e do sangue do Senhor", pois logo em seguida, ele acrescenta: "Eis por que há entre vós tantos débeis e enfermos e muitos morreram. Se examinássemos a nós mesmos, não seríamos julgados. Mas por seus julgamentos o Senhor nos corrige, para que não sejamos condenados com o mundo." Percebeis como o castigo nesta vida nos

---

15 Is 40, 1-2.
16 Is 26, 12.

TERCEIRO SERMÃO

poupa de suplícios depois? Ele também falou sobre o fornicador: "Entreguemos tal homem a Satanás para a perda de sua carne, a fim de que o espírito seja salvo no dia do Senhor."[17] A partir da parábola de Lázaro, também fica claro que se ele tivesse cometido qualquer mal, teria se purificado nesta vida e partido limpo para a outra. A partir da história do paralítico fica claro que depois de suportar a fraqueza por 38 anos, pela extensão de sua doença, ele também havia se livrado de seus pecados. Como evidência de que se encontrava naquela condição por conta de seus pecados, ouvi o que disse Cristo: "Eis que estás curado! Não peques mais para que não te suceda nada pior."[18]

Portanto, a partir desses trechos está claro que alguns são punidos nesta vida e pagam por seus pecados. Como evidência de que alguns são punidos aqui e depois, se não receberem um castigo apropriado para a magnitude de seus pecados, ouvi o que Cristo diz dos sodomitas. Ao dizer: "Quanto àqueles que não vos acolherem, ao sairdes da cidade sacudi a poeira de vossos pés em testemunho contra eles",[19] ele pros-

---

17 1Cor 5, 5.
18 Jo 5, 14.
19 Lc 9, 5.

A RIQUEZA E A POBREZA

segue: "Digo-vos que naquele dia haverá menos rigor para Sodoma do que para aquela cidade." Ao dizer "menos rigor", ele revelou que aqueles também serão punidos, mas o castigo será mais leve porque também pagaram neste mundo. A partir da história do homem rico que suporta tormentos eternos e que não desfruta de nenhuma remissão, pois seu castigo ficou para a outra vida, aprendemos que há quem não sofra qualquer infortúnio por aqui, encontrando todo o castigo posteriormente. Assim como ocorre entre os pecadores, portanto, aqueles que não sofrem de infortúnio neste mundo se submetem a penas bem mais rigorosas depois, assim os justos que sofreram infortúnios aqui desfrutarão de grandes honrarias mais tarde. E assim, entre dois pecadores, aquele que foi punido aqui é mais afortunado do que aquele que não foi. Do mesmo modo, entre dois homens justos, um que suportou grandes tribulações e outro que suportou poucas, aquele que suportou mais atribulações é mais afortunado pois "Ele retribuirá a cada um de acordo com o seu comportamento".[20]

E então? Alguém pergunta: "Não é possível que alguém desfrute de conforto aqui e na vida futura?"

---

20 Mt 16, 27.

TERCEIRO SERMÃO

Não é possível, ó homem, é impossível. É totalmente impossível para aquele que desfruta de uma vida tranquila, sem que nada lhe falte neste mundo, que se permite constantemente todos os excessos, que vive sem objetivos e de forma fútil, ele não poderá desfrutar das honras do outro mundo. Pois se a pobreza não o perturba, o desejo ainda o assombra e ele se aflige por esse motivo, o que lhe causa dor. Se a doença não o ameaça, seu gênio se destempera e exige uma luta maior para superar a raiva. Se as dificuldades não aparecem para testá-lo, os pensamentos perversos atacam de forma frequente. Não é tarefa comezinha refrear desejos fúteis, deixar de se vangloriar, controlar a presunção, evitar o luxo, perseverar na austeridade. Uma pessoa que não faz essas coisas e outras como elas não poderá ser salva jamais. Como testemunho de que aqueles que vivem na opulência não podem ser salvos, ouvi o que Paulo diz sobre a viúva: "Aquela que só busca prazer, mesmo se está viva, já está morta."[21] Se isso é dito a respeito de uma mulher, aplica-se ainda mais a um homem. E Cristo também deixou claro ao dizer: "Estreita, porém, é a porta e apertado o caminho que conduz à Vida. E

---

21 1Tm 5, 6.

A RIQUEZA E A POBREZA

poucos são os que o encontram."[22] Alguém pergunta: "Como é possível então que ele diga 'meu jugo é suave e meu fardo é leve'?[23] Pois se o caminho é estreito e apertado, como poderia também ser chamado de suave e leve?" Uma das menções se refere à natureza das provações, mas a outra diz respeito à disposição dos viajantes. É possível que mesmo aquilo que é por natureza insuportável se torne leve quando o aceitamos de todo o coração, assim como os apóstolos que foram açoitados retornaram regozijando-se por terem sido considerados dignos de sofrer afrontas em nome do Senhor. A natureza dos tormentos, de fato, provoca tribulações e aflições, mas a boa vontade daqueles que foram açoitados se sobrepôs até mesmo à natureza de seus sofrimentos. Por este motivo, Paulo diz: "Todos os que quiserem viver com piedade em Cristo serão perseguidos."[24] Assim, quando os seres humanos não nos perseguem, o diabo nos faz guerra. Precisamos de grande sabedoria e perseverança, precisamos nos manter sóbrios e atentos em oração, sem desejar a propriedade dos outros, mas dispostos a distribuir

---

22 Mt 7, 14.
23 Mt 11, 30.
24 2Tm 3, 12.

TERCEIRO SERMÃO

nossos bens aos necessitados, a rejeitar e repudiar toda a extravagância nas roupas ou na comida, a evitar a avareza, a embriaguez, as calúnias, precisamos aprender a controlar nossas línguas e a evitar a exaltação desordenada ("Toda a amargura e exaltação e cólera, toda palavra pesada e injuriosa seja afastada de entre vós"[25]), abstermo-nos de conversas vergonhosas ou chistes. Não é pouco o esforço necessário para fazer tudo isso com cuidado. Se quiserdes aprender como é difícil viver com sabedoria e quanta concentração exige a tarefa, ouvi o que diz Paulo: "Trato duramente o meu corpo e reduzo-o à servidão."[26] Ao dizê-lo, ele deixa subentendidos o esforço e a força que devem ser usados por aqueles que desejam ensinar a obediência a seus corpos em todas as circunstâncias. Cristo também disse para os discípulos: "No mundo tereis tribulações, mas tende coragem: eu venci o mundo!"[27] Essa tribulação, diz ele, trará alívio. A vida atual é uma arena: na arena e nas competições atléticas, o homem que espera ser coroado não pode relaxar. Assim, se alguém deseja ganhar uma coroa, que escolha a vida

---

25 Ef 4, 31.
26 1Co 9, 27.
27 Jo 16, 33.

A RIQUEZA E A POBREZA

dura e laboriosa para que, depois de se esforçar por um breve período, possa desfrutar de honrarias duradouras na vida futura.

Quantos desencorajamentos recebemos todos os dias? Como precisa ser grandiosa a alma para não desistir por conta da impaciência e do desgosto, para agradecer, glorificar e adorar aquele que permite que essas provações nos acometam! Quantas dificuldades inesperadas surgem? Devemos também enfrentar nossos pensamentos perversos e não permitir que nossa língua pronuncie nada de ruim, assim como o abençoado Jó, que ao sofrer uma infinidade de infortúnios continuava a render graças a Deus.

Ao tropeçar, ao sofrer injúrias, ao padecer de uma moléstia crônica, dor de cabeça ou outro mal, alguns começam a blasfemar imediatamente. Submetem-se às dores da doença, mas privam-se do benefício. O que estás fazendo, ó homem, ao blasfemar contra seu benfeitor, salvador, protetor e guardião. Não vês que despencas de um despenhadeiro e que te lanças num abismo de destruição final? Não fazes diminuir seu sofrimento ao blasfemar, não é? Na verdade, intensifica-o e torna sua aflição mais danosa. Pois o diabo provoca uma série de infortúnios com este propósito para fazer-te cair naquele abismo. Se ver-te

TERCEIRO SERMÃO

blasfemar, prontamente ele aumentará o sofrimento e o tornará maior para, ao ser provocado, ceder de novo. Porém, se ele perceber que suportas com bravura, agradecendo mais ainda a Deus, quanto mais piora o sofrimento, ele levanta o cerco, sabedor de que será inútil assediar-te por mais tempo. Um cão perto de uma mesa permanece persistente se perceber que a pessoa comendo frequentemente joga restos de comida. Porém, se ao passar pela mesa uma ou duas vezes, ele sai sem nada, ele se afasta, pensando que o assédio é inútil. Do mesmo modo, o diabo se mantém constantemente boquiaberto junto a nós. Se jogas para ele, como se fosse um cão, alguma palavra de blasfêmia, ele a tomará e te atacará. Mas se perseverares na gratidão, ele passará fome e se afastará. Dizes que não consegues te manter em silêncio ao sofreres aflição. De certo não te proíbo de emitires um som, mas agradece em vez de blasfemar, adora em vez de desesperar.

Confessa ao Senhor, ora ruidosamente, glorifica a Deus. Deste modo, teu sofrimento ficará mais leve, pois o diabo se afastará da tua gratidão e a assistência divina estará a teu lado. Se blasfemares, afastarás a assistência divina, tornarás mais veemente o diabo contra ti e te envolverás mais no sofrimento. Ao agradeceres, desmanchas as tramas do perverso e trazes o auxílio de Deus em tua proteção.

A RIQUEZA E A POBREZA

Por uma questão de hábito, no entanto, a língua costuma pronunciar aquela má palavra. Quando começar, antes de proferi-la, mordei a língua com força, com seus dentes. É melhor que a língua sangre agora do que desejardes uma gota de água, mais tarde, sem poder ser saciada. É melhor que a língua suporte uma dor temporária do que sofrer mais tarde um suplício duradouro, como a língua do homem rico que ardia sem obter alívio.

Deus vos ordenou amar os inimigos: afastai-vos de Deus que vos ama? Ele vos ordenou a bendizer aqueles que vos amaldiçoam, a orar por aqueles que vos difamam.[28] Amaldiçoai vosso benfeitor e protetor quando não sofrestes nenhum prejuízo? Ele não foi capaz (como dizeis), de liberá-lo da provação? Mas ele a permitiu para aprimorar seu caráter. Mas olhai (como dizeis), estou a tombar e a perecer. Não é por causa da natureza da provação, mas por vossa própria preguiça. O que é mais fácil, blasfemar ou agradecer? O primeiro ato não vos torna adversários e inimigos de todos os que vos ouvem, lançando amargura em suas almas? O segundo não ganha para vós as mil coroas da verdadeira sabedoria, da admiração de todos

---

28 Lc 6, 27-28.

TERCEIRO SERMÃO

e, finalmente as magníficas recompensas do Senhor? Por que negligenciais o que é útil, o que é fácil, o que é agradável, insistindo no que dói, no que irrita, no que estraga? Além do mais, se a verdadeira causa das blasfêmias estivesse nas tribulações causadas pela pobreza, todos os pobres seriam blasfemadores; entretanto, hoje em dia, na verdade, um grande número daqueles que vivem na extrema pobreza agradece a Deus sem cessar, enquanto outros que vivem na opulência e no prazer vomitam blasfêmias perpétuas. Não é a natureza das nossas circunstâncias externas, mas nosso livre-arbítrio que provoca uma coisa e a outra.

Também lemos a parábola por este motivo, para ensinar-vos que a riqueza não ajuda o preguiçoso e que a pobreza não prejudica o diligente. E por que digo "pobreza"? Mesmo se todos os males da humanidade fossem reunidos, eles nunca condenarão a alma do homem sábio que ama a Deus, nem o farão desistir da virtude (e Lázaro é testemunha disso). Do mesmo modo, o homem frívolo e dissoluto nunca será capaz de tirar benefício da riqueza, da saúde, da prosperidade perpétua ou de qualquer coisa.

Portanto, não digamos que a pobreza, a doença ou a presença de perigos nos obrigam a blasfemar. Não é a pobreza, mas a loucura; não é a doença, mas

A RIQUEZA E A POBREZA

o descaso; não é a presença dos perigos, mas a falta de discernimento que conduz aqueles que não estão atentos tanto à blasfêmia quanto a outros males.

Alguém pergunta: "Mas por que *alguns* são punidos aqui e *outros* apenas na vida futura sem receber nenhum castigo nesta vida?" Por quê? Porque se todos fossem punidos aqui, todos nós teríamos perecido pois estamos sujeitos a castigos. Por outro lado, se ninguém fosse punido aqui, a maioria das pessoas se tornaria excessivamente descuidada e muitos diriam que não existe a providência divina. Pois se agora, embora se vejam muitos dos iníquos sendo punidos, ainda se pronunciam tantas blasfêmias desse tipo, o que não diriam se não fosse assim? Quanto não avançariam no mal? Por essa razão, Deus pune alguns aqui e não pune outros. Pune alguns para corrigir seus vícios, tornando mais leve a pena futura ou mesmo livrando-os totalmente, enquanto torna melhores os que vivem em pecado por aprender com o castigo daqueles. A outros ele poupa para inspirar-lhes a vigilância, a conversão e o respeito à paciência divina, ensinamentos que os livrarão das punições daqui e dos suplícios de lá. Mas se persistirem sem tirar proveito da tolerância de Deus, eles poderão sofrer castigos agravados por seu temerário desdém. Mas se

TERCEIRO SERMÃO

alguém entre aqueles que professam o conhecimento disser que os punidos recebem um tratamento injusto, pois poderiam ter se convertido, diríamos o seguinte: se Deus tivesse previsto a conversão, ele não os teria punido. Pois se poupa aqueles que sabe que vão permanecer incorrigíveis, uma razão mais forte o levaria a deixar intocados na vida atual aqueles que ele sabe que se beneficiariam de sua benevolência, para que possam usar a oportunidade para a conversão. Do modo como as coisas são, ao puni-los de antemão, ele torna sua pena mais leve na vida futura e ainda aprimora aqueles que acompanham o castigo. E por que não faz isso com todos os iníquos? Para que possam melhorar ao aguardar com a apreensão criada pelo medo da punição de outros. Para que, ao louvar a paciência divina e ao respeitar sua bondade, eles possam desistir da iniquidade. "Mas não fazem nada parecido", diz alguém. Deus não é o culpado pelo descaso deles. São eles que não estão dispostos a empregar um remédio tão poderoso para sua própria salvação. Para aprender que este é seu motivo, presteis atenção: Pilatos certa vez misturou o sangue dos galileus ao sangue das vítimas sacrificadas. Contaram o que acontecera a Cristo. Ele disse: "Acreditais que por terem sofrido tal sorte esses galileus eram mais pecadores que todos os outros galileus? Não, eu vos digo; todavia que se não vos arrependerdes, perecereis todos do mesmo modo."[29] Em outra ocasião, dezoito pessoas caíram quando uma torre desabou e Ele disse a mesma coisa: "Acreditais que eram mais pecadores? Não, eu vos digo." E mostrou que os sobreviventes também mereceriam o mesmo castigo. E ao dizer: "Se não vos arrependerdes, perecereis todos do mesmo modo", ele mostrou que Deus permitiu que sofressem com este propósito, para que os vivos se assustassem com o infortúnio dos outros, para que pudessem se arrepender de seus pecados e se tornar herdeiros do reino. "O quê?", pergunta alguém. "Aquele homem foi punido para que eu melhore?" Não com este fim. É punido por seus próprios pecados. Ao mesmo tempo, ele se torna um meio de salvação para quem prestar atenção nele, tornando-o mais diligente pelo medo do que se passou. Os senhores também fazem o mesmo. Com frequência, basta condenar um de seus servos a chicotadas para que consigam que os outros se comportem melhor por medo. Quando virdes aqueles que sofreram naufrágio, que foram esmagados pelo desabamento de uma casa, queimados até a morte

---

29 Lc 13, 2-3.

TERCEIRO SERMÃO

num incêndio, arrastados pelos rios ou perdendo suas vidas por outros meios violentos e depois virdes outros que cometem o mesmo pecado ou pior, sem sofrer infortúnios, não vos confundais dizendo: "Por que quando cometem os mesmos pecados eles não sofrem as mesmas consequências?" Pondereis o seguinte, que ele permitiu que um indivíduo partisse, conduzido à morte, preparando para ele um castigo mais leve na vida futura ou mesmo livrando-o por completo. Porém, ele não permitiu que outro sofresse nada parecido para que caísse em si, vendo o castigo sofrido pelo primeiro indivíduo, e se tornando melhor. Mas se permanecer com os mesmos pecados, ele obterá um castigo sem mitigações por seu próprio descaso. Deus não deve ser responsabilizado pelos tormentos insuportáveis.

Mais uma vez, ao ver um justo sofrendo tribulações ou todos os infortúnios que mencionamos, não desanimeis: seus infortúnios estão preparando coroas mais brilhantes para ele.

Em resumo, todo castigo ao qual é submetido um pecador reduz o fardo do pecado, mas se acontece ao justo, torna sua alma mais esplêndida. Um grande benefício decorre para cada um deles a partir das tribulações, desde que suportem com gratidão, pois é isso o que é exigido.

A RIQUEZA E A POBREZA

Por este motivo a história da divina Escritura está repleta de inúmeros desses exemplos e nos apresenta os justos e os iníquos sofrendo infortúnios: é para que, justos ou iníquos, todos aprendam com os exemplos e a tudo suportem com coragem. A Escritura nos mostra os iníquos, alguns numa situação ruim e outros na prosperidade, para impedir-vos de vos abalar com a prosperidade deles pois sabeis, a partir da história do homem rico, qual é o tipo de fogo que os aguarda no futuro, caso não mudem. E então alguém pergunta: "Não é possível desfrutar de repouso tanto nesta vida quanto na outra?" Não é possível.

Por ser impossível, os justos levaram vidas laboriosas. "E Abraão?", pergunta alguém. Quem sofreu tantos infortúnios quanto ele? Não sofreu ele as dores do exílio? Não foi separado dos seus? Não teve que suportar fome numa terra estrangeira? Não precisou vagar continuamente de um país para o outro, da Babilônia para a Mesopotâmia, de lá para a Palestina e depois para o Egito? O que dizer das disputas em torno por sua esposa, das guerras com os bárbaros, dos massacres e da escravidão de seus parentes e outros problemas? Não teve ele que enfrentar o mais insuportável de todos os infortúnios quando recebeu ordens de sacrificar com as próprias mãos o filho que ele tanto

TERCEIRO SERMÃO

desejara? E quanto a Isaac, que quase terminou como vítima, não foi ele perseguido de todos os modos por seus vizinhos? Não perdeu ele a esposa, como o pai, e passou muito tempo sem filhos? E Jacó, criado na casa de seu pai? Não precisou suportar sofrimentos mais dolorosos que seu avô? E para não tornar a narrativa longa, contando tudo, ouvi o que ele diz sobre sua vida inteira. "Meus anos foram breves e infelizes, e não atingiram a idade dos meus pais."[30] No entanto, quem não se esqueceria dos infortúnios passados, ao ver o filho sentado no trono real e desfrutando de tamanha glória? Mesmo assim, estava tão exaurido pelo sofrimento que mesmo durante a prosperidade, ele não se esqueceu das dificuldades. E Davi? Quantos infortúnios precisou suportar? Não repete a mesma canção de Jacó ao dizer: "Setenta anos é o tempo da nossa vida, oitenta anos se ela for vigorosa; e a maior parte deles é fadiga e mesquinhez"?[31] E Jeremias? Não amaldiçoou ele o dia em que nasceu por causa da sucessão de desastres?[32] E quanto ao próprio Moisés? Não diz ele no desânimo: "Se queres tratar-me assim,

---

30 Gn 47, 9.
31 Sl 90(89), 10.
32 Jr 20, 14.

A RIQUEZA E A POBREZA

dá-me antes a morte?"[33] E quanto a Elias, cuja alma habitava as alturas do céu e que abriu suas portas, ele não continuou a se lamentar para Deus depois de tantos milagres dizendo: "Retira-me a vida pois não sou melhor que meus pais"?[34] Por que devo mencionar cada uma dessas histórias? Paulo reúne todas e fala de todas a dizer: "Vestidos com peles de carneiro ou pelo de cabra, oprimidos e maltratados, sofreram privações. Eles, de quem o mundo não era digno."[35] Numa palavra, é absolutamente necessário para aquele que espera agradar a Deus, que quer ser aceitável e puro, não levar uma vida descansada, suja ou dissoluta. Deve levar uma vida laboriosa, com muito suor e trabalho. Pois ninguém é coroado, de acordo com Paulo, "se não lutou segundo as regras".[36] Em outro trecho, ele menciona: "Os atletas se abstêm de tudo",[37] nas palavras e nos atos, evitando palavras vergonhosas, abusos, blasfêmias e obscenidades. Pelas palavras de Paulo, aprendemos que mesmo se as provações não nos são trazidas por causas externas, devemos exercitar-nos

---

33 Nm 11, 15.
34 1Rs 19, 4.
35 Hb 11, 37-38.
36 2Tm 2, 5.
37 1Cor 9, 25.

TERCEIRO SERMÃO

todos os dias com o jejum, a austeridade, alimentação simples e mesa frugal, sempre evitando a opulência. De outro modo, não podemos agradar ao Senhor. Que ninguém diga a palavra vã, que esse ou aquele possui tudo o que há de bom neste mundo e na próxima vida. Não é possível para quem tem a riqueza e vive no pecado. Se essa observação pudesse ser aplicada a alguém, seria àqueles que passam por aflições por aqui e cuja existência é consumida em sofrimento, que eles têm o que há de bom nesta vida e na próxima. Pois têm as boas coisas da próxima vida quando desfrutarão das recompensas e têm as boas coisas desta vida, quando são alimentados pela esperança do bem futuro e não se prendem aos infortúnios atuais, na expectativa do bem que está por vir.

Mas ouçamos o que vem a seguir. "Além do mais", diz Abraão, "entre nós e vós existe um grande abismo."[38] Davi diz: "Um homem não pode redimir seu irmão nem poderia dar a Deus um resgate por ele."[39] Pois não é possível para um irmão, um pai ou um filho redimir um ente querido. Vede: Abraão chamou o homem rico de "filho", porém não era capaz de cumprir os deveres de um pai. O rico dirigiu-se a

---

38 Lc 16, 26.
39 Sl 49(48), 8. Tradução livre a partir do texto em inglês da Bíblia Septuaginta.

A RIQUEZA E A POBREZA

Abraão como "pai", no entanto não podia desfrutar o que um filho esperaria da boa vontade do progenitor. Isso serve para ensinar-vos que nem os relacionamentos familiares, nem o amor, nem a compaixão, nem nada mais será capaz de ajudar aquele que foi traído por sua própria vida.

Digo isso porque, com frequência, depois de aconselhar-vos a vigilância e a solicitude, muitos não prestam atenção e desprezam o conselho dizendo: "Vós me prestareis assistência naquele dia, nada temo." Outro diz: "Meu pai é um mártir." E outro ainda: "Meu avô é um bispo." Outros se escoram nos demais membros de sua casa. Mas todas essas afirmações são vãs, pois a virtude de outros não será capaz de nos ajudar naquele dia. Lembrai-vos daquelas virgens que não compartilharam o azeite de suas lâmpadas com as cinco restantes. As primeiras entraram para o banquete de núpcias enquanto as outras ficaram de fora.[40] É um grande bem ter vossas esperanças de salvação depositadas em vossos próprios atos virtuosos. Nenhum amigo nos defenderá na vida futura. Pois se Deus disse a Jeremias "Não intercedas por este povo"[41]

---

40 Mt 25, 1-13.
41 Jr 7, 16.

TERCEIRO SERMÃO

mesmo aqui, onde é possível mudar de comportamento, o que mais diria ele no futuro?

O que dizeis? O pai foi um mártir? Este fato vos condenará mais ainda se dispusestes do exemplo da virtude no lar, porém vos apresentais indigno dos ensinamentos de vosso pai. Mas tendes um amigo que é nobre e admirável? Ele não será capaz de vos defender naquele dia. Como diz o Senhor: "Fazei amigos com o Dinheiro da iniquidade a fim de que no dia em que faltar o dinheiro, estes vos recebam nas tendas eternas."[42] Não é a amizade que vos defenderá, mas sim a caridade. Se a amizade pudesse defender-vos, ele teria dito simplesmente "Fazei amigos", mas para vos mostrar que ela sozinha pouco vale, ele acrescenta "com o Dinheiro da iniquidade". Alguém talvez possa dizer: "Posso fazer amigos sem o dinheiro, um amigo ainda melhor do que com o dinheiro." Mas para vos ensinar que fazer a caridade é aquilo que vos servirá, assim como vossos atos justos, ele insiste para que tenhais confiança não apenas na amizade dos santos, mas na amizade conquistada pelo dinheiro. Ao saber dessas coisas, cuidemos de nós com toda atenção. Se somos punidos, agradeçamos. Se vivemos na prospe-

---

42 Lc 16, 9.

A RIQUEZA E A POBREZA

ridade, conquistemos nossa segurança. Caso sejamos despertados pelas punições dos outros, retribuamos com a conversão, o remorso e a confissão perpétua. Se transgredimos em nossa vida atual, livremo-nos do pecado e com grande zelo tiremos toda a mácula de nossas vidas. Peçamos ao Senhor para nos contar entre os dignos quando formos liberados deste mundo para ir para lá, não para o lugar do homem rico, mas ao lado de Lázaro, junto ao seio do patriarca, onde desfrutaremos de bens imortais. Que possamos obter esse favor pela graça e pela bondade de Nosso Senhor Jesus Cristo, quem é a glória junto com o Pai e com o Espírito Santo, pelos séculos dos séculos.

Amém.

QUARTO SERMÃO

*Sobre o homem rico e Lázaro – sobre a consciência e a
confissão – José e seus irmãos*

Devemos concluir hoje a parábola de Lázaro. Credes
talvez que já esgotamos o assunto, mas não abusarei de
vossa ignorância para enganar-vos, nem abandonarei
este rico veio antes de retirar tudo o que ele pode me
oferecer. Quando um fazendeiro conclui a colheita
de todas as videiras, ele não para de trabalhar até ter
cortado inclusive as hastes dos cachos. Assim, como
se estivessem ocultos sob as folhas, vejo alguns pensamentos ainda ocultos sob as letras. Vamos colhê-los
juntos, com todo o cuidado, utilizando este sermão
no lugar de uma foice. Assim que a colheita da videira é concluída, a planta fica sem frutos. Apenas
as folhas permanecem. Mas a videira espiritual das
divinas Escrituras é diferente. Podemos tirar tudo o
que pudermos encontrar e a maior parte ainda fica
para trás. De fato, muitos já falaram sobre este assunto

A RIQUEZA E A POBREZA

antes de nós e muitos talvez voltem a falar depois,
mas ninguém será capaz de esgotar toda sua riqueza.
É a natureza desta abundância: quanto mais fundo
cavarmos, mais pensamentos divinos aflorarão, pois
é uma fonte que nunca seca.

Deveríamos ter saldado essa dívida em nosso último encontro, mas não achamos seguro passar em
silêncio os atos virtuosos do abençoado Bábilas e no par
de mártires sagrados que foram seus companheiros.[1]
Assim, adiamos essa prestação, deixando para hoje
o pagamento integral. Como já prestamos o devido
louvor a nossos pais espirituais, tributo que não é
proporcional ao que merecem, mas sim ao que somos
capazes, vamos concluir esta discussão. Não pareis
para repousar até terminarmos. Vamos retomar o
sermão do ponto em que o deixamos recentemente.
Onde paramos? No abismo que separa os justos dos
pecadores. Pois quando o homem rico diz: "Manda
Lázaro", Abraão responde: "Entre nós e vós existe um
grande abismo, a fim de que aqueles que quiserem
passar daqui para junto de vós não o possam, nem

---

1 São Bábilas, bispo da Antioquia, martirizado sob Décio (*c.*
250), festejado em 24 de janeiro; São Juventino e São Maximino,
martirizados sob Juliano (*c.* 362).

QUARTO SERMÃO

tampouco atravessem de lá até nós."[2] Demonstramos longamente que, pela bondade de Deus, devemos depositar nossas esperanças de salvação em nossos atos virtuosos, sem contar com nossos pais, avós e bisavós, nem com nossos parentes e amigos, familiares e vizinhos. "Um homem não pode redimir seu irmão nem poderia dar a Deus um resgate por ele."[3] Não importam os pedidos e as súplicas feitas por aqueles que partiram desta vida com seus pecados, todos serão em vão e inúteis. As cinco virgens pediram azeite às suas companheiras e não o obtiveram. O homem que enterrara seu talento na terra, apesar de todas as desculpas, foi condenado do mesmo jeito. Quanto àqueles que não alimentaram Jesus Cristo quando estava faminto nem deram de beber quando estava sedento, embora também achassem que seriam absolvidos por sua ignorância, nenhum perdão lhes foi concedido.[4] E outros também não tinham nada a dizer. Como o homem sem a veste nupcial, que se calou ao ser chamado a dar explicações.[5] Não foi o único: houve também aquele que se lembrou da dívida

---

2 Lc 16, 26.
3 Sl 49(48), 8. Tradução livre a partir do texto em inglês da Bíblia Septuaginta.
4 Mt 25.
5 Mt 22, 12.

A RIQUEZA E A POBREZA

de seu vizinho e exigiu o pagamento de cem denários. Ao ser acusado de crueldade e desumanidade por seu mestre, ele nada tinha a dizer.[6] A partir de todas essas parábolas, fica claro que nada nos ajudará na vida futura se não tivermos boas ações. Não importa se fizermos súplicas e pedidos ou se ficarmos em silêncio. A mesma sentença de punição e castigo será lançada sobre nós. Ouvi, pois, como o homem rico também fez dois pedidos para Abraão, mas fracassou. Primeiro fez uma súplica para si mesmo ao dizer: "Mande Lázaro." Depois, fez um pedido não para si mesmo, mas em nome de seus irmãos. Nenhum dos dois lhe foi concedido. O primeiro era impossível, mas o segundo, em nome de seus irmãos, era supérfluo. No entanto, ouçamos com atenção aquelas palavras. Quando um governador leva um condenado para o meio do mercado, junta as pessoas à sua volta e interroga o culpado, se todos se reúnem com grande desejo de ouvir o que o juiz pergunta e o que o condenado responde, ouviremos bem mais e com maior exatidão neste caso, em que o condenado (o homem rico) requisita e o juiz justo responde por meio de Abraão. Pois não foi o patriarca quem o julgou, embora ele tenha dito as palavras. Nos tribunais

---

6 Mt 18, 23-34.

QUARTO SERMÃO

externos deste mundo, quando alguns são julgados por roubos ou assassinatos, as leis os mantêm distantes do olhar do juiz e não permitem que eles ouçam sua voz (sujeitando-os à desonra neste aspecto como em outros): um mensageiro transmite a pergunta ao juiz e as respostas dos réus. Foi assim que aconteceu. Deus não falou com o condenado; Abraão foi o mensageiro que transmitiu as palavras do Juiz para o réu. Não disse o que disse por sua própria autoridade, mas leu as leis divinas para o homem e falou da negativa que vinha do alto. Por este motivo, o homem não foi capaz de dar qualquer resposta.

Ouçamos com cuidado, portanto, o que dizem. Estou me demorando nesta parábola de propósito e não vou deixá-la, embora seja o quarto dia, pois vejo que um grande benefício vem da discussão, tanto para os ricos quanto para os pobres e para aqueles que estão perturbados pela prosperidade dos perversos e pela pobreza e tribulação dos justos. Nada tende a perturbar e a escandalizar tanto a maioria das pessoas quanto o fato de que pessoas ricas vivem na iniquidade e desfrutam de boa fortuna enquanto justos vivendo na virtude são levados à extrema pobreza e suportam uma infinidade de outros problemas ainda piores do que a pobreza.

A RIQUEZA E A POBREZA

Mas esta parábola é suficiente para fornecer os remédios – comedimento para o rico e consolo para o pobre. Ensina aos primeiros a não serem arrogantes enquanto consola os pobres em relação à situação atual. Persuade os ricos a não se gabarem quando não pagam a pena pela iniquidade nesta vida pois um castigo lamentável os aguarda no futuro. Clama aos pobres para não se perturbarem com a prosperidade dos outros, nem pensarem que os assuntos humanos ficam nas mãos do acaso cego quando um justo encontra terríveis infortúnios nesta vida e um iníquo e perverso desfruta de perpétua prosperidade. Os dois receberão o que merecem no futuro. O primeiro ganhará a coroa pela paciência e a perseverança enquanto o outro encontrará o castigo merecido por sua perversidade. Ricos e pobres, gravai esta parábola. Ricos, nas paredes de vossas casas. Pobres, nas paredes de vossos corações. E, se a lembrança se esvair no esquecimento, gravai de novo com sua memória. Melhor, ricos, gravai em vossos corações e não nas paredes, carregai sempre convosco. A parábola será uma verdadeira escola e a primeira lição de toda filosofia. Se estivermos com ela sempre em nossos corações, as alegrias da vida presente não serão capazes de nos tornar arrogantes, nem as tristezas nos abalarão. Agiremos

QUARTO SERMÃO

sempre como fazemos com as pinturas nas paredes. Assim como acontece quando vemos o homem rico e o pobre pintados nas paredes, não invejamos o primeiro nem ignoramos o segundo, pois o que vemos é uma sombra e não a verdade dos fatos. Assim, se também aprendermos a verdadeira natureza da riqueza e da pobreza, da glória e da desonra e de todas as outras condições animadoras ou sombrias, estaremos libertos das perturbações que cada uma delas produz em nós. Todas essas coisas são mais enganadoras do que as sombras. Uma pessoa de espírito nobre e altivo não se tornará orgulhosa demais por conta de condições favoráveis e gloriosas nem se consternará diante de circunstâncias humildes e infelizes.

Está na hora de ouvirmos o resto das palavras do homem rico: "Pai, eu te suplico", diz ele (ou melhor, ele pede, implora), "envia então Lázaro até a casa de meu pai, pois tenho cinco irmãos: que leve a eles seu testemunho para que não venham eles também para este lugar de tormento."[7] Como fracassou em obter o que pediu para si, ele faz uma súplica pelos outros. Vejam como se tornou bondoso e amoroso como resultado da punição. O homem que desprezava Lázaro

---

7 Lc 16, 27-28.

A RIQUEZA E A POBREZA

quando ele estava presente agora se importa com outros que estão ausentes. O homem que negligenciou aquele que jazia diante de seus olhos agora se lembra daqueles a quem não pode ver e implora, com grande respeito e zelo, a fim de que tenham algum aviso para evitar os males que poderão sofrer. Pede que Lázaro seja enviado à casa de seu pai, onde Lázaro tinha sua arena e seu estádio da virtude. "Permiti que o vejam com a coroa da vitória", diz ele, "que o viu na sua aflição; permiti que as testemunhas de sua pobreza, fome e inúmeras aflições se tornem testemunhas de sua honra, de sua transformação e de toda sua glória para que, ao aprender dos dois modos e descobrirem que nossos negócios não terminam na vida atual, possam se preparar para escapar do castigo e dos suplícios." O que Abraão responde: "Eles têm Moisés e os Profetas; ouçam-nos."[8] Ele diz: "Não te importas tanto por seus irmãos quanto Deus, que os fez. Colocou uma infinidade de professores para aconselhá-los, orientá-los e admoestá-los." E o que o homem rico diz a seguir? "Não, pai Abraão, mas se alguém dentre os mortos for procurá-los, eles se arrependerão."[9]

---

8 Lc 16, 29.
9 Lc 16, 30.

QUARTO SERMÃO

É o que diz a maioria das pessoas. Onde estão aquelas que dizem: "Quem veio do outro mundo? Quem ressuscitou dos mortos? Quem nos disse o que acontece no inferno?" Quantas perguntas importantes como essas o homem rico se fez enquanto vivia na opulência? Ele não pedia simplesmente que alguém ressuscitasse. Mas ao ouvir as Escrituras, ele as desdenhava, ele as ridicularizava e as considerava simples histórias. A partir do que havia experimentado, ele formou sua opinião sobre os irmãos. "Eles também estão fazendo conjeturas, mas se alguém ressuscitar entre os mortos, eles não vão duvidar, não vão ridicularizar e prestarão atenção no que ele tem a dizer."

E qual é a resposta de Abraão: "Se não escutam nem a Moisés e os Profetas, mesmo que alguém ressuscite dos mortos, eles não se convencerão."[10] E os hebreus demonstraram que é verdade, que aquele que não ouve as Escrituras não daria ouvidos aos mortos, caso ressuscitassem. Eles não ouviram Moisés e os profetas, nem acreditaram ao ver mortos que ressuscitavam. Pelo contrário, tentaram matar Lázaro[11] e, em outra

---

10 Lc 16, 31.
11 Jo 12, 10.

A RIQUEZA E A POBREZA

ocasião, atacaram os apóstolos, embora muitos entre os mortos tenham ressuscitado na hora da Cruz.[12]

Para aprender outra razão pela qual os ensinamentos dos profetas são mais dignos de confiança do que o testemunho dos mortos, pensai no seguinte fato: que todos os mortos são servos, enquanto as palavras das Escrituras são aquelas pronunciadas pelo Senhor. Mesmo se um morto ressuscitasse, mesmo se um anjo descesse do céu, as Escrituras seriam mais dignas de confiança do que qualquer um deles.[13] Pois o Senhor dos anjos, o Senhor dos mortos e dos vivos emprestou sua autoridade às Escrituras. Além do mais, somando-se a tudo o que dissemos, podemos demonstrar pela comparação com os tribunais deste mundo que perdem o tempo aqueles que pedem o testemunho dos mortos vindos do outro mundo. Os olhos dos incrédulos não enxergam o inferno. Ele é claro e óbvio para os fiéis, mas continua invisível para os incrédulos. Os tribunais estão à vista de todos, e ouvimos diariamente que alguém foi punido, que os bens de outro foram confiscados pelo estado, que outro ainda foi sentenciado ao trabalho nas minas, que

---

12 Mt 27, 52.
13 Gl 1, 8.

QUARTO SERMÃO

aquele foi condenado à morte na fogueira, e aquele outro pereceu ao ser submetido a algum tipo de suplício. Mesmo assim, embora os iníquos, os malfeitores e os feiticeiros ouçam falar de tais castigos, eles não se corrigem. O que quero dizer quando afirmo que aqueles que ainda não experimentaram tais castigos não se corrigem? Com frequência, muitos foram pegos e escaparam do castigo, cavando o caminho de fuga da prisão com êxito, e depois voltaram a levar o mesmo de estilo de vida, cometendo crimes ainda piores do que antes.

Portanto, não procuremos ouvir dos mortos aquilo que as Escrituras nos ensinam com muito mais clareza todos os dias. Pois se Deus soubesse que os mortos ressuscitados poderiam ajudar os vivos, ele que fez tudo pelo nosso bem não teria omitido ou negligenciado tamanho benefício. Além do mais, se os mortos ressuscitassem continuamente e nos relatassem tudo sobre o outro mundo, com o tempo desdenharíamos até deles. E o demônio teria introduzido com muita facilidade seus ensinamentos perversos. Poderia ter apresentado fantasmas com frequência ou até mesmo os preparados para simular a morte e o funeral, para mostrá-los a seguir como se tivessem ressuscitado, e, através deles, dar credibilidade ao que

A RIQUEZA E A POBREZA

ele desejasse levar às mentes dos enganados. Pois no momento, quando não há nada semelhante, as imagens dos mortos aparecidos nos sonhos já enganaram e corromperam muitos, se isso tivesse acontecido e convencido as mentes da humanidade de que muitos dos que partiram haviam retornado, aquele demônio perverso teria engendrado uma infinidade de truques e introduzido muitos enganos em nossas vidas. Por este motivo, Deus trancou as portas e não permite a volta dos que partiram para que nos digam o que acontece na vida futura, para assim impedir que o diabo se aproveite e introduza seus próprios ensinamentos. Quando havia profetas, ele fez surgir falsos profetas. Quando havia apóstolos, ele fez surgir falsos apóstolos. Quando Cristo apareceu, ele fez surgir falsos cristos. Quando doutrinas saudáveis foram proclamadas, ele introduziu a corrupção, semeando ervas daninhas por toda parte.[14] Assim, se isso tivesse acontecido, ele também teria tentado imitar com seus recursos próprios, sem verdadeiramente ressuscitar os mortos, mas enganando os observadores com alguma espécie de truque de magia e ilusões, ou fazendo com que algumas pessoas (como eu disse antes) fingissem

---

14 Mt 13, 25.

QUARTO SERMÃO

a morte. Ele teria virado tudo de cabeça para baixo, causando uma completa confusão. Mas Deus, que a tudo previu, impediu este ataque. Para nos poupar, Ele não permitiu que ninguém viesse do outro mundo e contasse como é para os vivos. Deste modo, nos ensina a considerar as Escrituras Sagradas como a fonte de conhecimento mais confiável de todas. Pois Ele nos mostrou feitos que são bem mais convincentes do que a ressurreição dos mortos. Ele converteu o mundo inteiro, eliminou o erro e introduziu a verdade e realizou tudo isso com simples pescadores. E forneceu demonstrações suficientes de sua misericórdia em toda parte. Portanto, não pensemos que tudo termina na vida atual. Acreditemos que haverá, com certeza, um julgamento e uma recompensa para tudo o que é feito aqui entre nós. É algo tão simples e claro a todos que mesmo os hebreus, os pagãos e os hereges, e todos os seres humanos concordam no que é essencial. Mesmo sem compreender corretamente o que está relacionado à ressurreição, todos ainda concordam sobre o julgamento, o castigo, os tribunais do próximo mundo, na recompensa para o que é feito por aqui. Se não fosse assim, por que ele teria desenrolado tamanho céu sob nossas cabeças, estendido a terra sob nossos pés, criado os mares, envolvendo tudo com

A RIQUEZA E A POBREZA

o ar? Por que demonstraria sua providência, se não tivesse a intenção de nos proteger até o fim?

Não vedes quantos partiram depois de uma vida de virtude e de inumeráveis sofrimentos sem receber nenhum bem merecido? Outros, no entanto, partiram depois de demonstrar grande iniquidade, de pilhar os bens dos outros, roubando e oprimindo viúvas e órfãos, desfrutando da riqueza, dos prazeres e de inumeráveis coisas boas, sem sofrer nem mesmo os problemas mais comuns. Quando os primeiros receberão a recompensa pela virtude ou os segundos sofrerão o castigo pela iniquidade se existir apenas a vida atual? Todos diriam que se Deus existe (e Ele, de fato, existe), ele é justo. Também concordam que se Ele é justo, Ele retribuirá o virtuoso e o pecador na medida de seus méritos. Se Ele deve retribuir o virtuoso e o pecador na medida de seus méritos quando nenhum dos dois recebeu nesta vida o que merecia, nem o castigo pela iniquidade nem o prêmio para a virtude, é óbvio que deve haver um tempo em que cada um receberá o que lhe é devido.

Por que Deus colocou dentro de cada um de nós um juiz eternamente vigilante e austero? Eu me refiro à *consciência*, pois não há nenhum juiz, nenhum juiz entre todos os homens, que seja tão vigilante quanto a nossa consciência. Os juízes externos são corrompidos

QUARTO SERMÃO

pelo dinheiro, influenciados pelas lisonjas e intimidados pelo medo e muitos outros fatores estragam suas decisões corretas. Mas o tribunal da consciência não se dobra a nenhuma dessas influências. Não importam os subornos, as lisonjas, as ameaças ou qualquer outra coisa, este tribunal fará um julgamento justo de suas intenções pecaminosas. Aquele que comete pecado se condena mesmo quando ninguém o acusa. Ele não faz isso apenas uma vez ou duas, mas com frequência, isso ocorre por toda sua vida. A passagem do tempo não leva a consciência a se esquecer do que aconteceu. Ela é um acusador veemente no momento em que o pecado é cometido, antes de ser cometido e depois – em especial depois que o pecado é consumado. Enquanto pecamos, inebriados de prazer, não percebemos o mal com tanta clareza. Mas quando tudo é consumado e o prazer é saciado, a aguilhoada amarga do arrependimento vem atormentar nossas almas. É exatamente o contrário do que acontece com as mulheres em trabalho de parto. No caso delas, antes do nascimento sofrem dores intensas e precisam fazer um esforço insuportável. Quando a criança sai do ventre, vem o alívio pela chegada do bebê. No caso do pecado, é diferente. Enquanto estamos nos preparando e concebendo nossos propósitos corruptos,

A RIQUEZA E A POBREZA

há satisfação e regozijo. Porém, quando trazemos ao mundo a criança perversa, nosso pecado, passamos a sofrer ao ver nosso vergonhoso rebento. Sentimos dores mais atrozes que a das mulheres em trabalho de parto. Por este motivo, eu vos exorto a não aceitar dentro de vós nenhum desejo corrupto. Se o aceitamos, devemos destruir suas sementes. Mas se continuamos descuidados a essa altura, à medida que o desejo pecaminoso se converte em ação, devemos liquidá-lo por meio da confissão e das lágrimas, acusando a nós mesmos. Nada é tão mortal para o pecado quanto a autoacusação e a autocondenação com arrependimento e lágrimas. Condenastes vosso pecado? Livrai-vos deste fardo. Quem diz? É o próprio Deus que nos julga. "Confessas primeiro tuas transgressões para que possas te justificar".[15] Por que vos envergonhais, por que corais, dizei-me, ao admitir vossos pecados? Não estais falando com um ser humano que poderia repreendê-lo? Não vos confessais para outro servo que poderia vos expor? Não, dirigi-vos ao vosso Senhor, que vos protege e vos adora, ao médico a quem mostrais a ferida.

---

15 Is 43, 26. Tradução livre a partir do texto em inglês da Bíblia Septuaginta.

QUARTO SERMÃO

Ele não saberia de tudo mesmo sem vossa confissão por compreender tudo antes mesmo de acontecer? Por que então não confessais? Admitir o pecado não o torna um fardo mais pesado, não é? Pelo contrário, ele se torna mais fácil e mais leve. Por este motivo, Ele deseja que vós confesseis suas faltas, não para punir, mas para perdoar. Não é para que Ele tome conhecimento de vossos pecados (de que adiantaria, se Ele já sabe de antemão?), mas sim para que possais saber como é grande a dívida que Ele vos perdoa. Se não confessais a grandeza da dívida, não descobrireis a grandeza da graça que recebeis. Ele diz: "Não vos forço a entrar no meio do teatro e colocar muitas testemunhas à sua volta. Dizei-me vosso pecado quando estiver a sós, na privacidade, para que eu possa tratar vossa ferida e aliviar-vos a dor." Por esse motivo, Ele criou dentro de nós uma consciência mais amorosa do que um pai. Pois um pai que repreende o filho uma vez ou duas vezes, ou três vezes ou dez vezes, ao ver que ele permanece incorrigível, desiste, deserda-o, expulsa-o da casa, rompe seus laços com a família. Porém, o mesmo não acontece com a consciência. Não importa se ela falou uma vez, duas vezes, três ou incontáveis vezes, e não prestastes atenção. Ela voltará a falar e não desistirá até vosso último suspiro. Na casa, nas ruas, à mesa, no mercado, na estrada, muitas vezes em nossos próprios sonhos, ela coloca diante de nós as imagens e as aparências de nossos pecados.

Vede a sabedoria divina! Ele não permitiu que as acusações de nossas consciências fossem contínuas (pois não suportaríamos o fardo da censura perpétua), nem que fossem tão fracas a ponto de ceder depois de uma ou duas reprimendas. Se fôssemos nos aguilhoar todos os dias e todas as horas, nós sucumbiríamos, desencorajados. Porém, se a consciência desistisse de nos repreender depois de um ou dois avisos, não nos beneficiaríamos muito. Por este motivo, Ele fez com que esta repreensão fosse recorrente, mas não ininterrupta. Recorrente para que não nos descuidemos, mas possamos sempre nos manter sóbrios e atentos até o fim. Mas não é ininterrupta ou em rápida sucessão para que não tombemos, para que possamos recuperar o fôlego em períodos de alívio e consolo Assim como seria mortal não sofrer dor alguma por nossos pecados, pois geraria em nós a extrema insensibilidade, seria prejudicial o sofrimento ininterrupto e desmedido. O desencorajamento excessivo costuma ser suficientemente forte para abater nossos sentimentos naturais, para sobrepujar a alma e nos tornar inúteis para qualquer bom propósito. Por esse motivo,

QUARTO SERMÃO

Ele fez com que a reprovação de nossa consciência nos atacasse em intervalos, pois ela é muito severa e fere o pecador mais do que qualquer aguilhoada. Não funciona apenas quando nós mesmos pecamos. Até quando outros cometem transgressões como as nossas, ela é fortemente despertada e exclama contra nós com grande vigor. O fornicador, o adúltero ou o ladrão tomam para si as censuras feitas a outros por cometerem os mesmos crimes, imaginando-se açoitados. Lembram dos próprios pecados até quando as acusações são feitas a outros. Outro homem é invocado, mas o homem que não foi invocado se abala se praticou os mesmos crimes do outro. De fato, isso também acontece no caso dos atos virtuosos, quando outros recebem os louvores e as coroas, aqueles que fizeram os mesmos atos se rejubilam e se alegram, pensando que todos os outros não são mais louvados, mais do que eles próprios. O que pensais que pode ser mais infeliz do que o pecador que se afasta e se esconde quando outros são acusados? Por outro lado, quem é mais abençoado do que o virtuoso que se rejubila e se alegra com a lembrança de seus próprios atos quando outros são louvados? São obras da sabedoria divina, são sinais de sua grande misericórdia. Pois a censura é um tipo de âncora sagrada de nossa consciência

A RIQUEZA E A POBREZA

que não nos permite submergir nas profundezas do pecado.

Não apenas no momento em que cometemos nossos pecados, mas mesmo depois de muitos anos, ela costuma encontrar um modo de nos lembrar de um antigo pecado. Fornecerei provas claras disso retiradas das próprias Escrituras.

Os irmãos de José o venderam, embora não pudessem repreendê-lo por nada, a não ser por ter sonhos que previam a glória que receberia. "Eu vi", disse ele, "vossos feixes o rodearam e se prostraram diante do meu feixe."[16] De fato, eles deveriam ter cuidado dele por esse motivo, pois estava destinado a ser a coroa de sua família e o esplendor de sua raça. Mas a inveja é assim: combate o que é para seu próprio bem. O invejoso prefere sofrer inumeráveis aflições a ver o vizinho em boa conta, mesmo se isso também o beneficiar. Quem pode ser mais infeliz do que esse indivíduo? Pois foi assim que os irmãos de José se sentiram. Quando o viram chegando de longe, trazendo comida, eles disseram: "Vinde, matemo-lo [...]. Veremos o que acontecerá com seus sonhos."[17] Se

---

16 Gn 37, 7.
17 Gn 37, 20.

QUARTO SERMÃO

não fosse respeitado como irmão, nem reconhecido pelo laço familiar, pelo menos deveria ser respeitada a própria mesa e o caráter do serviço por ele prestado, pois trazia comida. Mas vejamos como profetizaram, sem que tivessem tal intenção: "Vinde. Matemo-lo. Veremos o que acontecerá com seus sonhos." Pois se não tivessem tramado contra ele, tecido sua artimanha e costurado seu propósito vergonhoso, eles não teriam sabido o poder daqueles sonhos. Pois escalar ao trono do Egito sem sofrer qualquer infortúnio não teria sido tão notável quanto foi obter a mesma posição de destaque passando por tantos impedimentos e tantos obstáculos. Se não tivessem tramado contra ele, não o teriam vendido para o Egito. Se não o tivessem vendido para o Egito, a esposa de seu senhor não teria se apaixonado. Se a esposa de seu senhor não tivesse se apaixonado, ele não teria sido jogado na prisão, não teria interpretado as visões, não teria obtido autoridade real. Se não tivesse obtido autoridade real, seus irmãos não teriam vindo para comprar trigo nem se curvariam diante dele. Assim, foi sobretudo por terem lhe desejado a morte que eles reconheceram a verdade de seus sonhos. E então? Tornaram-se eles os agentes da prosperidade e da grandeza de José? Com certeza, não. Mas enquanto tramavam para ele a morte, o

A RIQUEZA E A POBREZA

sofrimento, a escravidão e os piores destinos, Deus, que é habilidoso ao criar o bem, usou a malícia deles para elevar e glorificar aquele que havia sido vendido, aquele de quem queriam se desfazer.

Para que ninguém pense que essas coisas se passaram por coincidências fortuitas ou reviravolta das circunstâncias, Deus promoveu os eventos que eles tentaram impedir, usando os inimigos de José como servos da sua causa. A conclusão que podemos chegar é que o projeto de Deus ninguém anulará, nem fará recuar sua mão estendida,[18] de modo que quando fordes perseguido, não experimenteis nem o desânimo nem a raiva. Tende em mente que tudo terminará bem se suportardes com nobreza tudo que vos acontecer.

Vede, pois, que mesmo neste mundo a inveja deu origem a um reino e o ciúme providenciou uma coroa e forneceu um trono. Os mesmíssimos homens que tramaram contra José o impeliram ao posto mais alto. A vítima reinava como um rei enquanto seus perseguidores serviam como escravos. Ela recebia a veneração desses últimos. Vede, quando aflições vos acometerem em rápida sucessão, não deveis vos deixar confundir, não deveis se enraivecer. Esperai o fim. Sem dúvida, a

---

18   Is 14, 27.

QUARTO SERMÃO

conclusão será digna da grande generosidade divina, se suportardes o que acontece com gratidão.

Embora tenha corrido o maior dos riscos depois daqueles sonhos, embora tenha sido vendido pelos irmãos, atacado pela esposa de seu senhor, jogado na prisão, José não disse para si mesmo "O que é isso? Aqueles sonhos eram enganosos. Fui exilado de meu país. Perdi a liberdade. Em nome de Deus, não cedi à esposa de meu senhor quando ela insistiu no adultério. Estou sendo punido por causa do meu comedimento e da minha virtude. E nem assim Ele não me protegeu. Não estendeu sua mão, mas permitiu que eu recebesse pesadas correntes e infortúnios constantes. Depois da cisterna veio a escravidão. Depois da escravidão, apelos perigosos. Depois dos apelos, uma falsa acusação. Depois da acusação, a prisão". Nenhum desses episódios o deixou confuso. Ele persistiu na coragem e na esperança, sabendo que as palavras de Deus nunca falham.

Deus poderia ter realizado suas palavras no mesmo dia, mas para demonstrar seu poder e a fé de seus servos, ele permitiu que houvesse um grande intervalo de tempo e que aparecessem muitos obstáculos. Deste modo, podeis reconhecer o poder daquele que realiza suas proclamações quando as pessoas perderam as

A RIQUEZA E A POBREZA

esperanças nelas. Podeis ver a fé e a paciência de seus servos que não perdem o ânimo diante de nada que lhes acontece no meio-tempo.

Como disse, no entanto, os irmãos de José recuaram. A fome os impeliu como um soldado e fez com que se encontrassem diante de José. Queriam comprar trigo, mas o que ele disse? "Vós sois espiões."[19] "O que é isso? Viemos comprar víveres e corremos o risco de perder a vida." Exatamente, pois ele também trouxe alimento e arriscou sua vida. Mas ele suportou a situação verdadeira enquanto suportais apenas em fingimento. Ele não era vosso inimigo, mas desempenhou o papel de inimigo para melhor se informar sobre a família. Pois como o haviam tratado com dureza e perversidade e ele não viu Benjamin entre eles, temendo que o menino pudesse ter sofrido um destino igual ao seu, José ordenou que um dos irmãos fosse amarrado e feito prisioneiro, mas que os outros levassem o trigo e partissem. Ameaçou-os com a morte se não trouxessem de volta o irmão mais novo.[20]

Quando tudo isso aconteceu e ele disse "Deixai um de vós aqui e trazei-me vosso irmão mais novo. Senão,

---

19 Gn 42, 9.
20 Gn 42, 9-20.

QUARTO SERMÃO

morrereis", o que eles disseram entre si? "Em verdade, expiamos ao que fizemos a nosso irmão quando nos pediu a graça."[21] Vede quanto tempo havia se passado e como ainda se lembravam daquele pecado? Ao pai, disseram: "Um animal feroz o devorou!"[22] Mas quando o próprio José estava presente e ouvia, eles se repreenderam pelo pecado. O que poderia ser mais inesperado? Prisão sem julgamento, defesa sem acusação, prova sem testemunhas, conforme os próprios autores do ato se examinam e revelam o que foi feito em segredo. Quem os persuadiu? Quem os obrigou a revelar atos que haviam feito tanto tempo atrás? Não é óbvio que a consciência, o juiz que não pode ser enganado, havia constantemente afligido suas mentes e perturbado suas almas? E o assassinado os julgava em silêncio e eles próprios deram o veredito condenando a si mesmos sem dar nenhuma desculpa.

Admitiram os acontecimentos, mas um deles se defendeu ao dizer: "Não vos disse para não cometerdes falta contra o menino. Mas vós não me ouvistes e eis que se nos pede conta de seu sangue".[23] Na verdade,

---

21 Gn 42, 21.
22 Gn 37, 33.
23 Gn 42, 22.

A RIQUEZA E A POBREZA

nada havia sido dito sobre aquela morte. José não fez nenhuma pergunta desse tipo, mas quis saber do outro irmão. A consciência deles aproveitou a oportunidade, ergueu-se e tomou conta de suas mentes. Fez com que confessassem seus malfeitos sem hesitação.

Costumamos ter a mesma experiência com nossos pecados do passado. Pois quando somos testados em circunstâncias difíceis, lembramo-nos dos antigos pecados.

Sabedores de tudo isso, ao cometer alguma iniquidade, não esperemos pelos infortúnios, e as dificuldades, pelos perigos e os grilhões. A cada hora, a cada dia, devemos instigar este tribunal que existe dentro de nós. Condenemo-nos, procuremos todos os meios de nos justificar diante de Deus. Não contestemos entre nós a ressurreição e o julgamento, nem suportemos com paciência quando outros falam: tentemos de todos os modos calá-los com nossas palavras. Pois se não fôssemos pagar por nossas transgressões na vida futura, Deus não teria estabelecido tal tribunal entre nós. É também a evidência de seu amor pela humanidade. Como vai nos cobrar no futuro por nossas transgressões, Ele nos deu esse juiz tão imparcial. Ao nos julgar aqui pelos pecados e nos aprimorar, esse juiz pode nos salvar do julgamento futuro. É o que

QUARTO SERMÃO

Paulo também disse: "Se examinássemos a nós mesmos, não seríamos julgados"[24] pelo Senhor. Assim, para não sofrermos suplícios futuros, para não sofrermos punições, mergulhemos cada um de nós a própria consciência, desdobremos a história de nossas vidas, examinemos todas as transgressões com precisão, condenemos a alma que cometeu tais atos, corrijamos suas intenções, fortaleçamos seus pensamentos. Paguemos a pena de nossos pecados por meio de uma condenação severa, por meio de uma penitência rigorosa, pelas lágrimas, pela confissão, pelo jejum e pelas esmolas, pela temperança e a caridade. Para que possamos nos livrar de todos os pecados desta vida e partir para a próxima com plena confiança. Que possamos obtê-la por graça e obra de Nosso Senhor Jesus Cristo que está na glória ao lado do Pai e do Espírito Santo, pelos séculos dos séculos!

Amém.

---

24 1Cor 11, 31.

Este livro foi composto na tipografia Minion Pro, em corpo 11/15, e impresso em papel off-white no Sistema Cameron da Divisão Gráfica da Distribuidora Record.